高等职业教育经济贸易类系列教材

外贸单证实务
技能训练教程

曾　虹　主　编

朱秀敏　白春柳　副主编

電子工業出版社
Publishing House of Electronics Industry
北京 • BEIJING

内容简介

全书共分两篇：单项技能训练指导篇和综合技能训练指导篇。单项技能训练指导篇介绍信用证申请开证业务、审证和改证业务、制作商业发票、制作装箱单、制作订舱委托书和办理订舱、制作出境货物报检单和办理报检、制作和申领原产地证、制作出口货物报关单和办理报关、制作投保单和办理保险、制作装运通知、制作受益人证明、制作汇票项目中单证员的工作任务，通过业务基础知识题和实训操作题来强化单证员岗位的技能要求。综合技能训练指导篇通过综合技能训练实训操作题深化电汇、信用证、托收三大国际结算方式下单证员制作、申领及审核单证的能力。

本书可作为普通高等院校和高等职业院校国际贸易、国际商务、报关与国际货运、商务英语等专业的“外贸单证实务”课程辅助教材，也可作为外贸企业培训材料及国际商务单证员考证参考用书。

图书在版编目（CIP）数据

外贸单证实务技能训练教程/曾虹主编. —北京：电子工业出版社，2018.5

ISBN 978-7-121-33996-7

Ⅰ. ①外…　Ⅱ. ①曾…　Ⅲ. ①进出口贸易－原始凭证－高等学校－教材　Ⅳ. ①F740.44

中国版本图书馆 CIP 数据核字（2018）第 070201 号

策划编辑：朱干支
责任编辑：刘元婷
印　　刷：北京捷迅佳彩印刷有限公司
装　　订：北京捷迅佳彩印刷有限公司
出版发行：电子工业出版社
　　　　　北京市海淀区万寿路 173 信箱　邮编 100036
开　　本：787×1 092　1/16　印张：7　字数：179.2 千字
版　　次：2018 年 5 月第 1 版
印　　次：2021 年 6 月第 4 次印刷
定　　价：20.00 元

凡所购买电子工业出版社图书有缺损问题，请向购买书店调换。若书店售缺，请与本社发行部联系，联系及邮购电话：（010）88254888，88258888。

质量投诉请发邮件至 zlts@phei.com.cn，盗版侵权举报请发邮件至 dbqq@phei.com.cn。

本书咨询联系方式：（010）88254573，zgz@phei.com.cn。

前　言

外贸单证实务是一门知识点多、细，操作性强的学科。就笔者的教学经验来看，大量有针对性的练习可以帮助学生熟练掌握单证工作任务中必备的知识。限于篇幅，现有的单证教材中很少配套单选、多选、判断等基础知识题，学生课外作业在单据制作环节也常常因要手绘各种单据模板而倍感麻烦（电子制单作业存在教师批阅不便的困扰）。正是在此背景下，笔者联合企业、兄弟院校的力量编写出一本侧重技能训练的教辅。我们期望学生通过知识覆盖面广的基础训练题掌握单证工作中的基础理论知识，增强其通过国际商务单证员资格考证的实力；通过实训操作题模拟单证员的角色，熟悉各种外贸单证的制作技巧。

全书共分两篇：单项技能训练指导篇和综合技能训练指导篇。

单项技能训练指导篇包含 12 个项目：项目 1 申请开证业务，项目 2 审证和改证业务，项目 3 制作商业发票，项目 4 制作装箱单，项目 5 制作订舱委托书和办理订舱，项目 6 制作出境货物报检单和办理报检，项目 7 制作和申领原产地证，项目 8 制作出口货物报关单和办理报关，项目 9 制作投保单和办理保险，项目 10 制作装运通知，项目 11 制作受益人证明，项目 12 制作汇票。

综合技能训练指导篇包含 3 个项目：项目 13 综合训练一（托收支付方式下的单证制作），项目 14 综合训练二（信用证支付方式下的单证制作），项目 15 综合训练三（汇付支付方式下的单证制作）。

本书可作为普通高等院校和高等职业院校国际贸易、国际商务、报关与国际货运、商务英语等专业的“外贸单证实务”课程辅助教材，也可作为外贸企业培训材料及国际商务单证员考证参考用书。

本书具有以下特点。

（1）结构安排清晰合理。单证技能训练指导以信用证支付方式下进出口商务单证员工作流程为线索有序编排。综合技能训练指导则更能体现一笔国际货物买卖交易中所需要的单据综合制作能力，且分别以托收、信用证、汇付三大支付方式为例。

（2）题型多样、内容丰富。本书训练题题型包含单选题、多选题、判断题、实训操作题。基础理论题知识覆盖面广，实训操作题素材真实、丰富。

本书由曾虹主编，朱秀敏、白春柳为副主编。编写分工如下：曾虹（嘉兴职业技术学院）编写了项目 1～项目 5、项目 13～项目 15，朱秀敏（嘉兴职业技术学院）编写了项目 6～项目 8，白春柳（杭州科技职业技术学院）编写了项目 10～项目 11，刘永泉（嘉兴职业技术学院）编写了项目 9，吴荣林（嘉兴市拓美进出口有限公司）编写了项目 12。

在本书的编写过程中，参考和借鉴了有关专著、教材、论文等资料，在此向各位作者表示由衷的感谢。另外，感谢嘉兴市拓美进出口有限公司为本书编写提供了宝贵素材。

尽管我们在教材的编写上做出了一定的努力，但由于作者水平有限，加之外贸政策法规不断变化，书中难免有疏漏及不妥之处，恳请同行和读者批评指正，以便再版时修订和完善。

本书提供所有习题答案，有需要者请与编者联系。编者联系方式：184748251@qq.com。

编　者

目　　录

第一篇　单项技能训练指导篇

第一篇　单项技能训练指导篇

项目 1　申请开证业务

技能训练目标

知识目标

掌握信用证的业务流程和开证申请书的内容，熟悉信用证的当事人和申请开证的步骤。

能力目标

能根据外贸合同填制开证申请书并办理开证手续。

技能训练内容

1．开立信用证的流程和步骤。

2．开证申请书的填制规范。

技能训练练习题

一、单项选择题

1．开立信用证时要注意（　　）。

A．单货一致　　B．单证一致　　C．单单一致　　D．证同一致

2．根据《UCP600》的解释，信用证的第一付款人是（　　）。

A．进口人　　B．开证行　　C．议付行　　D．通知行

3．信用证是一种（　　）。

A．没有风险的付款方式　　B．有条件的付款保证

C．无条件的付款担保　　D．正式的付款保函

4．信用证业务中不会涉及的当事人是（　　）。

A．Beneficiary　　B．Issuing Bank　　C．Applicant　　D．Collecting Bank

5．根据《UCP600》的解释，开证行开立的信用证不会是（　　）。

A．可撤销信用证　　B．议付信用证　　C．跟单信用证　　D．转让信用证

6．A 银行开立一份信用证，委托 B 银行作通知行，由于 B 银行无法直接通知受益人，经联系受益人后，A 银行将信用证发送给 C 银行，由 C 银行通知受益人。在此笔业务中，上述

哪家银行是《UCP600》认可的通知行？（　　）

A．A 银行　　B．B 银行　　C．C 银行　　D．B 和 C 银行

7．信用证是依据买卖合同开立的，出口商要保证安全收汇，提交的单据必须做到（　　）。

A．以合同为主，也可参照信用证　　B．与信用证相符

C．与交付的货物相符　　D．与买卖合同规定相符

8．通常信用证中规定的到期日是指（　　）。

A．受益人最早向银行交单议付的日期　　B．受益人最迟向银行交单议付的日期

C．开证人最迟向银行交单议付的日期　　D．开证人最早向银行交单议付的日期

9．信用证是应开证申请人的要求由开证行开出的，信用证（　　）。

A．既体现了开证申请人与开证行之间的契约关系，又体现了开证行与信用证受益人之间的契约关系

B．主要体现了开证行与信用证受益人之间的契约关系

C．主要体现了开证申请人与信用证受益人之间的契约关系

D．主要体现了开证申请人与开证行之间的契约关系

10．某公司从英国的纽卡斯尔（New Castle）进口一批货物到青岛，开证申请书上的 Port of loading 后面应填写（　　）。

A．QINGDAO　　B．NEW CASTLE

C．CHINA　　D．UNITED KINGDOM

11．在信用证方式下，银行保证向信用证受益人履行付款责任的条件是（　　）。

A．受益人按期履行合同　　B．受益人按信用证规定交货

C．开证申请人付款赎单　　D．受益人提交严格符合信用证要求的单据

二、多项选择题

1．进口商申请开立信用证的程序包括（　　）。

A．递交有关合同副本及附件　　B．填写开证申请书

C．缴付保证金　　D．支付开证手续费

E．在开证申请书背面签字

2．下列属于信用证基本当事人的有（　　）。

A．开证行　　B．通知行　　C．委托人　　D．议付行

E．受益人

3．信用证与合同的关系，下列表述正确的是（　　）。

A．信用证以合同为基础开立　　B．信用证与合同相互独立

C．信用证是纯粹的单据买卖　　D．合同是审核信用证的依据

E．银行付款的依据是合同

4．信用证中，表示受益人的单词或词组有（　　）。

A．Beneficiary　　B．in favour of …　　C．Opener　　D．in your favour

E．Applicant

5．信用证的受益人通常也是（　　）。

A．买卖合同的买方　　B．货运单据的发货人

C．汇票的出票人　　　　　　　　　　D．发票和装箱单的制作人

E．买卖合同的卖方

6．以下对可转让信用证表述正确的是（　　）。

A．可转让信用证只能转让一次

B．可转让信用证可转让无数次

C．可转让信用证必须注明“transferable”字样

D．如第二受益人无法履约，可将信用证转回给第一受益人

E．可转让信用证第二受益人可将信用证转让给其后的第三受益人

三、判断题（对的打“√”，错的打“×”）

1. 转让行是应第一受益人的委托，将可转让信用证转让给信用证的受让人的银行。（　　）

2．电开信用证是指开证行以标准格式缮制并通过电讯方式送达通知行的开立方式，目前广泛使用的是 MT700/701 标准格式和 SWIFT 报文传输。（　　）

3．信用证是银行与信用证受益人之间存在的一项契约，该契约以贸易合同为依据开立，所以信用证应受到贸易合同的牵制。（　　）

4．在信用证业务中，信用证的开立是以买卖合同为基础的，因此，信用证条款与买卖合同条款严格相符是开证行向受益人承担付款责任的前提条件。（　　）

5．SWIFT 成员银行均参加国际商会，SWIFT 规定，使用 SWIFT 开立信用证，其信用证受国际商会《UCP600》条款约束。（　　）

6．根据《UCP600》的解释，除非信用证另有规定，银行可以接受出具日期早于信用证开立日期的单据。（　　）

7．如合同规定该笔货款由信用证和托收两种方式各付 50%，则应在信用证开证申请书中汇票金额中填写 50% of invoice value。（　　）

8．保兑信用证中的保兑行负有第一性的付款责任。（　　）

四、实训操作题

（一）实训资料

嘉兴市拓美进出口有限公司与巴西 LANDH’S IND. E COM. DE ARTIGOS DE CUTELARIA LTDA 签订的进口合同如下。

买方：JIAXING TOMAY IMPORT&EXPORT CO.,LTD.
NO.199 XIUYUAN ROAD, JIAXING CITY,ZHEJIANG ,CHINA

卖方：LANDH’S IND. E COM. DE ARTIGOS DE CUTELARIA LTDA
RUA VAZ DA COSTA, 61/65 - INHAUMA - RIO DE JANEIRO, RJ - BRAZIL

品名：ENERGY SAVING ELECTRONIC LAMP

ART NO. FCL-22, 22W, 1,040 PCS, UNIT PRICE USD3.50

ART NO. FCL-32, 32W, 1,040 PCS, UNIT PRICE USD5.50

总金额：9 360.00 美元

包装：40 个一纸箱，牢固出口纸箱

装运：2017 年 9 月 30 日前，不允许分批装运和转运

装运港：圣保罗　　　　　　　　　　　　目的港：上海
贸易术语：CIF 上海 INCOTERMS 2010　　　支付：不可撤销即期跟单信用证
最迟开证日期：2017 年 8 月 10 日
允许金额与数量各有 5%的增减幅度
保险：按发票金额加一成投保一切险和战争险
单据条款：1．商业发票一式 5 份，注明信用证号码和合同号；
　　　　　2．装箱单一式 4 份；
　　　　　3．全套清洁以装船正本提单，做成“凭指示”抬头，空白背书，注明运费预付，通知开证申请人；官方检验机构出具的品质检验证书两份；
　　　　　4．保险单正本一式两份，做空白背书。
合同号：DTE084956
特别要求：1．不接受第 3 方托运人的提单；
　　　　　2．15 天交单期；
　　　　　3．开证银行以外的银行费用由受益人承担。
嘉兴市拓美进出口有限公司开户行及账号：
中国银行嘉兴分行，60138262020000×××××
法人代表：吴荣林
开证方式：电开

（二）操作要求

以嘉兴市拓美进出口有限公司单证员的身份到中国银行嘉兴分行开立信用证，填写开证申请书。

IRREVOCABLE DOCUMENTARY CREDIT APPLICATION

To:　　　　　　　　　　　　　　　　　　　　**Date:**

<table>
<tr><td colspan="2">(　)Issue by airmail
(　)With brief advice by teletransmission
(　)Issue by teletransmission</td><td>Credit No.
Date and place of expiry</td></tr>
<tr><td colspan="2">Applicant</td><td>Beneficiary</td></tr>
<tr><td colspan="2">Advising bank</td><td>Amount(figure and words)
Say:</td></tr>
<tr><td>Partial shipment
(　)allowed
(　)not allowed</td><td>Transshipment
(　)allowed
(　)not allowed</td><td rowspan="3">Credit available with
by
(　)sight payment
(　)acceptance
(　)negotiation
(　)deferred payment at __ days after
against the documents detailed herein and
(　)beneficiary’s drafts for ____ % of invoice value at

drawn on</td></tr>
<tr><td colspan="2">Loading on board/dispatch/taking in charge at/from:

Not late than
for transportation to:</td></tr>
<tr><td colspan="2">(　)FOB　　(　)CFR　　(　)CIF
(　)Other terms</td></tr>
</table>

续表

Documents required: (marked with ×)

1. ( ) Signed commercial invoice in ___ copies indicating L/C No. and contract No.
2. ( ) Full set of clean on board Bill of Lading made out to order and blank endorsed marked freight ( )prepaid / ( ) collect notify _______
3. ( ) Air Waybill / cargo receipt / copy of railway bill issued by _______________________ showing freight ( )prepaid / ( )collect indicating freight amount and consigned to ______________________.
4. ( ) Insurance Policy / Certificate in ____ for ____ % of invoice value showing claims payable in ____ in currency of the draft, blank endorsed, covering ( )Ocean Marine Transportation / ( )Air Transportation / ( )Over Land Transportation ( )All risks, war risk.
5. ( ) Packing List / Weight memo in ____ copies indicating quantity, gross and net weights of each package.
6. ( ) Certificate of Quantity / weight in ____ copies issued by ________________________.
7. ( ) Certificate of Quality in ____ copies issued by ( ) manufacturer / ( ) public recognized surveyor
8. ( ) Certificate of Origin in ____ copies issued by ________________________.
9. ( ) Beneficiary's certified copy of fax / telex dispatched to the applicant within _________ hours after the shipment advising L/C No., name of vessel, date of shipment, name, quantity, weight and value of goods.
10. ( ) Other documents, if any

Description of goods:

Additional instructions:

1. ( ) All banking charges outside the opening bank are for the beneficiary's account.
2. ( ) Documents must be presented within ____ days after the date of issuance of the transport documents but within the validity of this credit.
3. ( ) Third party as shipper is not acceptable, short form / blank back B/L is not acceptable.
4. ( ) Both quantity and amount ____ % more or less are allowed.
5. ( ) All documents must be forwarded in __________.
6. ( ) Other terms, if any

Stamp of Applicant

项目 2　审证和改证业务

技能训练目标

知识目标

掌握审证的依据和步骤，熟悉改证的原则。

能力目标

能根据外贸合同审出信用证中的问题条款，并能针对问题条款提出修改意见。

技能训练内容

1．外贸合同条款的阅读。

2．信用证内容的理解。

3．审证的依据和步骤。

4．改证的原则和步骤。

技能训练练习题

一、单项选择题

1．出口商审核信用证的依据是（　　）。

A．合同及《UCP600》的规定　　B．一整套单据

C．开证申请书　　D．商业发票

2．在出口业务中对信用证的审核单位是（　　）。

A．银行　　B．出口商　　C．出口商和银行　　D．保险公司

3．出口公司收到银行转来的信用证后，侧重审核（　　）。

A．信用证内容与合同是否一致　　B．信用证的真实性

C．开证行的政治背景　　D．开证行的资信能力

4．根据《UCP600》，信用证项下银行审单期限为（　　）个银行工作日。

A．3　　B．5　　C．6　　D．8

5．信用证的基础是买卖合同，当信用证与买卖合同不一致时，受益人应向（　　）提出修改。

A．开证行　　B．开证申请人　　C．通知行　　D．议付行

6. 在落实信用证的过程中，对于出口商来说（　　）是必不可少的重要环节。

A. 开证　　B. 催证　　C. 改证　　D. 审证

7. 信用证支付方式下，银行处理单据时不负责审核（　　）。

A. 单据与有关国际惯例是否相符　　B. 单据与信用证是否相符

C. 单据与国际贸易合同是否相符　　D. 单据与单据是否相符

8. 以下关于信用证修改业务的描述正确的是（　　）。

A. 由申请人向原开证行提出修改要求

B. 修改通知书的传递途径和方式可以与原证不同

C. 受益人对修改通知必须明确表示是否接受

D. 受益人可以部分接受修改书内容

9. 假如在一笔交易中，提单日期为2017年7月15日，信用证有效期为2017年8月15日。按《UCP600》，受益人最迟向银行交单的期限为（　　）。

A. 2017年7月15日　　B. 2017年8月5日

C. 2017年8月15日　　D. 2017年8月6日

10. 某开证行2010年3月1日（周一）收到A公司交来的单据，根据《UCP600》规定，最迟的审单时间应截止到（　　）。

A. 2010年3月5日　　B. 2010年3月6日

C. 2010年3月7日　　D. 2010年3月8日

11. 根据《UCP600》规定，如果信用证规定诸如“in triplicate”、“in three fold”、“in three copies”等用语要求提交多份单据，那么至少应提交（　　）正本，其余使用副本单据来满足。

A. 1份　　B. 2份　　C. 3份　　D. 4份

12. 根据《UCP600》的解释，如信用证条款未明确规定是否“允许分批装运”、“允许转运”则应理解为（　　）

A. 允许分批装运，但不允许转运　　B. 允许分批装运和转运

C. 允许转运，但不允许分批装运　　D. 不允许分批装运和转运

13. 信用证条款中，“Latest date of shipment”的意思是（　　）。

A. 信用证到期日　　B. 信用证最晚交单日

C. 信用证最早交单日　　D. 信用证最迟装运日

14. 以下有关信用证修改程序描述正确的是（　　）。

A. 信用证的修改要由受益人通知开证行修改。

B. 信用证的修改要由通知行通知开证行修改

C. 只要开证申请人与受益人达成一致就可以，不用通知其他当事人。

D. 要由受益人通知申请人，申请人向开证行提出申请进行修改。

15. 下列关于信用证修改说法不正确的是（　　）。

A. 修改应由开证申请人向开证行办理

B. 修改须经开证行和受益人同意才能生效

C. 受益人可对修改通知书中的内容有选择地接受

D. 原证的条款在受益人向通知行发出接受修改前仍然有效

16. 信用证中关于运输：“Transshipment permitted, partial shipment allowed, but partial

shipment of each item not allowed”的中文意思是（　　）。

A．允许转运，允许分批，但每个品种的货物不得分批

B．允许转运，允许分批，每个品种的货物也必须分批

C．不允许转运，允许分批，但每个品种的货物不得分批

D．允许转运，不允许分批，但每个品种的货物不得分批

17．若信用证未规定货物的交货数量不得有增减且数量不是以包装单位或个数计数，则在支付款项不超过信用证金额的情况下，单据上显示的货物准许的增减幅度为（　　）。

A．10%　　B．8%　　C．0%　　D．5%

18．根据《UCP600》的解释，信用证中货物的数量规定有“约”、“大约”、“近似”或类似意义的词语时，应理解为其有关数量增减幅度不超过（　　）。

A．15%　　B．5%　　C．10%　　D．3%

19．根据《UCP600》的规定，信用证条款未明确规定是否“允许分批装运”、“允许转运”时，应理解为（　　）。

A．允许分批装运，但不允许转运　　B．允许分批装运，允许转运

C．允许转运，但不允许分批装运　　D．不允许分批装运，不允许转运

20．国外一张来证的有效期为2017年10月30日，最迟装运期为10月10日，如果信用证未规定装运日后交单的期限，而实际发运日期是10月1日，那么根据《UCP600》的规定，受益人最迟的交单期为（　　）。

A．2017年10月10日　　B．2017年10月22日

C．2017年10月23日　　D．2017年10月30日

21．如信用证规定“shipment on or About 15th Oct. 2012”，那么装运期可以是（　　）。

A．10号至19号　　B．11号至20号　　C．10号至20号　　D．11号至19号

22．合同上货物名称是“SHIRTS”，信用证上的名称误为“SKIRTS”，受益人（　　）。

A．不必修改信用证，按SKIRTS（SHIRTS）制单

B．不必修改信用证，按SHIRTS制单

C．不必修改信用证，按SKIRTS制单

D．应该修改信用证，把货物名称修改正确

23．某外贸公司与国外一进口商订立销售合同，我方出售长毛绒玩具10 000个。合同规定，2017年5月30日前开出信用证，6月20日前装船。4月28日买方按期来证，有效期6月30日。由于卖方按期装船发生困难，故书面向买方申请将装船期延至7月5日，买方回函表示同意，但未通知开证银行。7月3日货物装船后，卖方7月4日到银行议付时遭到拒绝。请问银行是否有权拒绝议付？为什么？（　　）

A．银行有权拒绝议付。因为开证申请人没有通过开证行修改信用证

B．银行无权拒绝议付。因买卖双方约定的装船期改变，未改变信用证条款

C．银行无权拒绝议付。因只要买卖双方同意改变装船期，就意味着信用证条款发生改变

D．银行有权拒绝议付。因为开证行还应接受买卖双方的合同约束

二、多项选择题

1．关于信用证中英语“Date and place of expiry”，说法正确的是（　　）。

A．表明该证的到期日期和到期地点

B．信用证的到期地点可以在开证行所在地，也可以是受益人的所在地

C．可以推算出信用证的开证日期

D．如果是开证行所在地，那么审单员一定要把握交单时间和邮程，防止信用证失效

E．表明信用证的开证日期

2．审核信用证项下进口货物单据的是（　　）。

A．开证行　　B．代收行　　C．开证申请人　　D．汇入行

E．托收行

3．下列关于信用证与合同关系的表述正确的是（　　）。

A．信用证的开立以买卖合同为依据

B．信用证的履行不受买卖合同的约束

C．有关银行只根据信用证的规定办理信用证业务

D．合同是审核信用证的唯一依据

4．指出下列信用证条款中属于软条款信用证性质的是（　　）。

A．商业发票需要开证申请人签署

B．货物样品寄交开证申请人认可并作为议付条件之一

C．商检证书由开证申请人签发，并作为议付单据之一

D．信用证规定货物进口清关后银行才支付货款

E．承运船只由买方指定，船名以信用证修改书的方式通知，交单时必须提交信用证修改书

三、判断题（对的打“√”，错的打“×”）

1．MT707 是 SWIFT 方式下开证的格式，MT700 是 SWIFT 方式下修改信用证的格式。（　　）

2．通知行的义务是合理审慎地鉴别信用证及其修改书的表面真实性，并及时、准确地通知受益人。（　　）

3．修改信用证时，可不必经开证行，而直接由申请人修改后交给受益人。（　　）

4．受益人对于信用证修改书，可以接受其中对己有利的内容，而拒绝接受其中对己不利的内容。（　　）

5．通知行审证和卖方审证是审证的两个环节，其中卖方审证是必不可少的环节，可以替代通知行审证。（　　）

6．信用证修改通知书必须由原通知行转递或通知。（　　）

7．信用证要求提交提单，并且在附加条款中规定“SHIPMENT IN FCL”，受益人可将此条件视为非单据化条件不予理睬。（　　）

8．信用证中 43P 域为 prohibited，44E 域为 Chinese port，那么如果货物在中国 A 港没装够，同一艘船同一航次到中国 B 港装足信用证所要求数量的货物后同一航线到达同一目的地，将在 A 港与 B 港取得的两套提单同时交给银行，银行认为这样的交单行为虽然符合《UCP600》第 31 条 b 款规定，但却不符合信用证本身 44E 域的单一港口要求，故不能接受这样的单据。（　　）

9. 香港某客户开来一张信用证，号码为123，购买衬衫1 000打，“不准分批”，因货未备妥，经修改为“允许分批”，该L/C项下1 000打衬衫后来分两次出运，随后，该客户又开来第2张信用证，除数量、金额、装运期与第1张信用证有所不同，其余条款套用第1张信用证“Similar to L/C NO.123”，这张信用证项下货物可分批出运。(　　)

四、实训操作题

(一) 实训资料

1. 嘉兴市拓美进出口有限公司与秘鲁的PIZARRO CASTRO CATHERINE ELIZABETH公司签订的销售合同如下。

SALES CONTRACT

THE SELLER: NO. 17TOMAY0601

JIAXING TOMAY IMPORT&EXPORT CO.,LTD. DATE: JUNE 1, 2017

NO.199 XIUYUAN ROAD, JIAXING CITY,ZHEJIANG ,CHINA

THE BUYER:

PIZARRO CASTRO CATHERINE

URBANIZACION PREVI NARANJAL.MZ 13 LT 3,LOS OLIVOS, ALT. DE PANAM. NORTE CON AV. LOS ALISOS. LIMA PERU

This Sales Contract is made by and between the Sellers and the Buyers, whereby the sellers agree to sell and the buyers agree to buy the under-mentioned goods according to the terms and conditions stipulated below:

Commodity & Specification	Quantity	Price Terms	
		Unit price	Amount
CARDHOLDER DYED COW LEATHER BLACK BROWN	 5 000PCS 8 000PCS	FOB QINGDAO USD1.45/PC USD1.50/PC	USD 7 250.00 USD 12 000.00 USD 19 250.00
Total amount: U.S.DOLLARS NINETEEN THOUSAND TWO HUNDRED AND FIFTY ONLY			

Packing: 1PC/POLYBAG, 500PCS/CTN

Time of Shipment: DURING AUG. 2017 BY SEA

Shipping Mark: P.C.C
CALLAO
NOS.1-26

Loading Port and Destination: FROM QINGDAO TO CALLAO

Partial Shipment and Transshipment: ALLOWED

Insurance: TO BE EFFECTED BY THE BUYER.

Terms of Payment: THE BUYER SHALL OPEN THROUGH A BANK ACCEPTABLE TO THE SELLER AN IRREVOCABLE SIGHT LETTER OF CREDIT TO REACH THE SELLER 30 DAYS BEFORE THE MONTH OF SHIPMENT AND TO REMAIN VALID FOR NEGOTIATION IN CHINA UNTIL THE 15th DAY AFTER THE FORESAID TIME OF SHIPMENT.

2．嘉兴市拓美进出口有限公司收到的信用证内容如下。

ISSUE OF DOCUMENTARY CREDIT

27: SEQUENCE OF TOTAL：1/1

40A: FORM OF DOC.CREDIT：IRREVOCABLE

20: DOC.CREDIT NUMBER：103CD137273

31C: DATE OF ISSUE：170715

40E: APPLICABLE RULES：UCP LATEST VERSION

31D: DATE AND PLACE OF EXPIRY：DATE 170902 PLACE IN PERU

51D:APPLICANT BANK：INDUSTRIAL AND COMMERCIAL BANK OF CHINA
PERU BRANCH

50: APPLICANT：PIZARRO CASTRO CATHERINE
URBANIZACION PREVI NARANJAL. MZ 13 LT 3 , LOS OLIVOS , ALT. DE
PANAM. NORTE CON AV. LOS ALISOS. LIMA PERU

59: BENEFICIARY：JIAXING TDMAY IMPORT&EXPORT CO.,LTD
NO.199 XIUYUAN ROAD JIAXING CITY ,ZHEJIANG ,CHINA

32B: AMOUNT：CURRENCY EUR AMOUNT 19250.00

41D:AVAILABLE WITH…BY： ANY BANK IN CHINA BY NEGOTIATION

42C:DRAFTS AT…：30 DAYS AFTER SIGHT

42A:DRAWEE：PIZARRO CASTRO CATHERINE

43P:PARTIAL SHIPMENTS：NOT ALLOWED

43T:TRANSSHIPMENT：NOT ALLOWED

44E:PORT OF LOADING：ANY CHINESE PORT

44F:PORT OF DISCHARGE：PAITA, PERU

44C:LATEST DATE OF SHIPMENT：170815

45A:DESCRIPTION OF GOODS

CARDHOLDER DYED COW LEATHER

BLACK COLOUR/8000PCS AT USD1.45/PC FOB QINGDAO

BROWN COLOUR/5000PCS AT USD1.50/PC FOB QINGDAO

PACKING: 200PCS/CTN

46A:DOCUMENTS REQUIRED

1. SIGNED COMMERCIAL INVOICE IN 3 COPIES
2. CERTIFICATE OF ORIGIN GSP FORM A ISSUED BY OFFICIAL AUTHORITIES
3. PACKING LIST IN 3 COPIES
4. FULL SET CLEAN ON BOARD BILLS OF LADING MADE OUT TO ORDER MARKED
FREIGHT PREPAID AND NOTIFY APPLICANT
5. INSURANCE POLICY/CERTIFICATE IN DUPLICATE ENDORSED IN BLANK FOR
110% INVOICE VALUE COVERING ALL RISKS AND WAR RISK AS PER CIC.

47A: ADDITIONAL CONDITIONS

BILL OF LADING ONLY ACCEPTABLE IF ISSUED BY ONE OF THE FOLLOWING SHIPPING COMPANIES: KUEHNE-NAGEL (BLUE ANCHOR LINE) VILTRANS (CHINA) INT'L FORWARDING LTD. OR VILTRANS SHIPPING (HK) CO., LTD.

71B: CHARGES：ALL CHARGES ARE TO BE BORN BY BENEFICIARY

48: PERIOD FOR PRESENTATION：WITHIN 5 DAYS AFTER THE DATE OF SHIPMENT, BUT WITHIN THE VALIDITY OF THIS CREDIT

49: CONFIRMATION INSTRUCTION：WITHOUT

（二）操作要求

根据销售合同 17TOMAY0601，审核 103CD137273 信用证，找出问题条款。针对问题条款提出修改意见。

项目 3　制作商业发票

技能训练目标

知识目标

熟悉商业发票的分类和作用，熟悉《UCP600》中关于商业发票的条款。

能力目标

能读懂 L/C 条款和/或外贸合同条款中的品名条款、价格条款及其对商业发票这一单据的要求，能根据 L/C 条款和/或外贸合同条款准确填写商业发票相关栏目。

技能训练内容

1．商业发票的作用。
2．L/C 和/或外贸合同中商业发票条款的阅读。
3．商业发票的内容。
4．商业发票的填制要求。

技能训练练习题

一、单项选择题

1．结汇是单据中最重要的单据，能让有关当事人了解一笔交易的全貌。其他单据都是以其为依据的是（　　）。

A．商业发票　　B．保单　　C．装箱单　　D．产地证

2．在托收和汇付方式下，商业发票的抬头人一般是（　　）。

A．进口地银行　　B．合同买方　　C．出口地银行　　D．合同卖方

3．在出口结汇时，由出口商签发的、作为结算货款和报关纳税依据的核心单据是（　　）。

A．海运提单　　B．商业汇票　　C．商业发票　　D．海关发票

4．如果信用证没有特殊规定，商业发票的开立人和抬头分别是（　　）。

A．受益人/开证申请人　　B．开证行/开证申请人

C．受益人/开证行　　D．开证申请人/受益人

5．假如信用证的价格条款规定，商品的价格为 STG4.00，CIFC5 London，且商品数量为 6 145PCS，信用证的金额为扣除佣金的净值，那么在发票总值栏中的金额应填写（　　）。

A. CIFC5 London STG24 580.00 -C5 STG1 229.00 ________ CIF London STG23.351.00

B. CIFC5 London STG24 580.00 -C5 STG2 229.00 ________ CIF London STG22.351.00

C. CIFC5 London STG24 580.00 -C5 STG1 299.00 ________ CIF London STG23.281.00

D. CIFC5 London STG24 580.00 -C5 STG1 339.00 ________ CIF London STG23.241.00

6. 某 L/C 的 39A 栏显示：39A/PERCENTAGE CREDIT AMOUNT TOLERANCE:10/10，它的含义是信用证允许上下浮动各不超过 10%的（　　）。

A. 数量　　B. 金额　　C. 单价　　D. 数量和金额

二、多项选择题

1. 商业发票的作用主要有（　　）。

A. 进出口报关完税必不可少的单据　　B. 是全套单据的中心

C. 是结算货款的依据　　D. 是物权凭证

E. 是完税证明

2. 关于形式发票，下列说法正确的是（　　）。

A. 形式发票不是一种正式发票

B. 能用于托收和议付，正式成交后不要另外重新缮制商业发票

C. 形式发票与商业发票的关系密切，信用证在货物描述后面常有“按照某月某日之形式发票”等条款

D. 假如来证附有形式发票，则形式发票构成信用证的组成部分，制单时要按形式发票内容全部打上

E. 形式发票就是一种正式发票

3. 商业发票上完整的货物单价包括（　　）。

A. 计价货币　　B. 单位价格金额　　C. 佣金率　　D. 计量单位

E. 贸易术语

4. 进口商在审核信用证项下商业发票时应注意的要点有（　　）。

A. 发票的出票人应是信用证的受益人（可转让信用证除外），与汇票的出票人应为同一人

B. 发票的抬头人应是信用证开证申请人

C. 发票的出票日期不应迟于汇票的出票日期，亦不应迟于信用证的议付有效期

D. 商品名称、数量、规格、单据、包装、价格条款、合同号码等及货物描述必须与信用证的规定相符，单价乘以数量必须与发票总金额相符

E. 除非信用证另有规定，发票金额应与汇票金额一致，且不得超过信用证金额

5. 某来证规定：“ABOUT 20 MT CITRIC ACID MONO BP80 AT USD1 180.00/MT CFR HAIFA PORT”，“PCT credit amount tolerance: 10/10”，“CURRENCY CODE AMOUNT: USD23 600.00”，那么以下发票的数量和金额符合规定的是（　　）。

A. 20 MT, USD23 600.00　　B. 25 MT, USD29 500.00

C. 22 MT, USD25 960.00　　D. 18 MT, USD21 240.00

E. 19 MT, USD23 240.00

三、判断题（对的打“√”，错的打“×”）

1．在外贸实践中，单证员录入单证信息时，应首先录入的信息是商业发票的内容。（　　）

2．在商业发票上必须明确显示数量、单价、总值和贸易术语等主要内容。（　　）

3．信用证只规定了货物的总称，发票应照样显示外，还可加列详细的货名，并可以与总称不一样。（　　）

4．信用证中注明：Invoices in three copies，受益人向银行交单时，提供了3份副本发票，不符合信用证规定。（　　）

5．形式发票是一种正式发票，能用于托收和议付。（　　）

6．信用证要求提供商业发票时，不得以其他种类的发票，如形式发票、厂商发票等代替。（　　）

7．商业发票的抬头通常是指合同的买方。（　　）

8．信用证中的数量和金额可以冠以“大约”（about）或类似文字，但是在缮制单证时，发票中的数量和金额不能冠以“大约”（about）或类似的文字。（　　）

9．如果合同和信用证中均未规定具体唛头，货物为大宗散装货物，则填写发票的“唛头”一栏时，可空白不填。（　　）

10．出口商出口一批布匹，信用证规定数量10 000码，金额USD50 000，现出运了9 800码，发票金额USD49 000，收汇将有一定的风险。（　　）

四、实训操作题

习　题　一

（一）实训资料

FROM: REPUBLIC NATIONAL BANK OF MIAMI, MIAMI,

TO: BANK OF CHINA, JIAXING BRANCH

FORM OF DOC.CREDIT 40 A: IRREVOCABLE

DOC.CREDIT NUMBER 20: NBM-15007678

DATE OF ISSUE　　31C: 17/02/08

EXPIRY　　31 D: DATE 17/04/30 IN CHINA

APPLICANT　　50: JAMES BROWN AND SONS

2116 N W 21 STREET

MIAMI FL.33142, U.S.A.

BENEFICIARY　　59: JIAXING TOMAY IMPORT&EXPORT CO.,LTD

NO.199 XIUYUAN ROAD,JIAXING CITY,ZHEJIANG ,CHINA

AMOUNT　　32B: USD 82 800.00

AVAILABLE WITH/BY 41D: ANY BANK

BY NEGOTIATION

DRAFTS AT…　　42C: DRAFTS AT SIGHT

FOR FULL INVOICE VALUE

DRAWEE　　42A: REPUBLIC NATIONAL BANK OF MIAMI

NEW YORK

PARTIAL SHIPMENTS 43P: NOT ALLOWED

PORT OF LOADING 44E: SHANGHAI

PORT OF DISCHARGE 44F: MIAMI U.S.A.

LATEST DATE OF SHIPMENT. 44C: 17/04/15

DESCRIPTION OF GOODS 45A:FISHING BOOTS

ART. NO. JB702, 2640PAIRS USD 15.00 PER PAIR

ART. NO. JB703, 3600PAIRS USD 12.00 PER PAIR

PACKING: 12PAIRS PER CARTON

TRADE TERMS: CFR MIAMI FL.

ALL DETAILS ARE AS PER S/C NO 17JB558

DOCUMENTS REQUIRED 46A:

+FULL SET OF CLEAN ON BOARD OCEAN BILLS OF LADING MADE OUT TO ORDER, BLANK ENDORSED, MARKED "FREIGHT PREPAID" AND NOTIFY APPLICANT

+SIGNED COMMERCIAL INVOICE IN ONE ORIGINAL AND THREE COPIES

+ SIGNED PACKING LIST IN ONE ORIGINAL AND THREE COPIES

+MANUALLY SIGNED CERTIFICATE OF ORIGIN IN ONE ORIGINAL AND ONE COPY

+CERTIFICATE OF QUALITY ISSUED BY THE MANUFACTURER OR THE PRODUCER IN ONE ORIGINAL AND ONE COPY

ADDITIONAL CONDITIONS. 47A:

1. A HANDING FEE OF USD 80.00 WILL BE DEDUCTED IF

DISCREPANCY DOCUMENTS PRESENTED

2. INSURANCE TO BE EFFECTED BY BUYER

3. ALL DOCUMENTS MUST BE IN ENGLISH.

4. ALL DOCUMENTS INDICATING THIS L/C NUMBER.

DEYAILS OF CHARGES 71B: ALL BANKING CHARGES AND EXPENSES OUTSIDE THE ISSUING BANK IS FOR BENEFICIARY'S ACCOUNT

PERIOD FOR PRESENTATION 48: DOCUMENTS TO BE PRESENTED WITHIN 15 DAYS AFTER THE DATE OF SHIPMENT, BUT WITHIN THE

VALIDITY OF THE CREDIT

其他相关资料

发票号码：15HY34-95	发票日期：2017 年 3 月 31 日
提单号码：COS120410SHM	提单日期：2017 年 4 月 10 日
船名：DONG FENG V. 5615W	装箱：1×40' FCL CY/CY，
集装箱号：TRIU3568032	封号：199345-0，
产地证号：JS/12/12HY8765	产地证日期：2017 年 4 月 7 日

商品编号：4823.2900　　海运费：USD3 500.00

生产厂家：嘉兴制靴厂　　净重：22.00KGS/CTN

毛重：24.50KGS/CTN　　尺码：（58×46×40）CM/CTN

唛头：

J B A S

17JB558

MIAMI, FL

NO.1-520

MADE IN CHINA

（二）操作要求

根据上述信用证，把商业发票填写完整。

嘉兴市拓美进出口有限公司

JIAXING TOMAY IMPORT&EXPORT CO.,LTD

199 XIUYUAN ROAD , JIAXING , ZHEJIANG , CHINA

商业发票

COMMERCIAL INVOICE

Messrs: (1)

Invoice No.: 15HY34-95

Invoice Date: 31 MAR., 2017

Credit No.: NBM-15007678

Credit Date: 08 FEB., 2017

Terms of Payment: (3)

Exporter: (2)

Transport details: (4)

Marks & Nos	Description Of Goods	Quantity	Unit Price	Amount
(5)	FISHING BOOTS		(6)	
	ART.NO.	(7)	(8)	(9)
	JB702			
	JB703			
	TOTAL:	6 240PAIRS		USD82 800.00

SAY U. S. DOLLARS EIGHTY TWO THOUSAND EIGHT HUNDRED ONLY.

(10)

TOTAL PACKED IN 520CARTONS.

TOTAL GROSS WEIGHT: 12 740.00KGS.

PACKING: 12PAIRS PER CARTON.

嘉兴市拓美进出口有限公司
JIAXING TOMAY IMPORT&EXPORT CO.,LTD

吴荣林（章）

习 题 二

（一）实训资料

1．信用证

MT 700		ISSUE OF A DOCUMENTARY CREDIT
APPLICATION HEADER		RJHISARIAXXX *ALRAJHI BANKING AND INVESTMENT *CORPORATION *RIYADH (HEAD OFFICE)
SEQUENCE OF TOTAL	27:	1 / 1
FORM OF DOC. CREDIT	40 A:	IRREVOCABLE
DOC. CREDIT NUMBER	20:	HDB151A100016
DATE OF ISSUE	31 C:	170317
DATE/PLACE OF EXPIRY	31 D:	DATE 170527 PLACE IN CHINA
APPLICANT	50:	SANTOS TRADE COMPANY LIMITED 355 SAN JOSE BOULEVARD, RIO DE JANEIRO, BRAZIL
BENEFICIARY	59:	JIAXING TOMAY IMPORT&EXPORT CO.,LTD. NO.199 XIUYUAN ROAD, JIAXING CITY,ZHEJIANG, CHINA
AMOUNT	32 B:	CURRENCY USD AMOUNT 14 000.00
PERCENTAGE CREDIT AMOUNT TOLERANCE	39A:	10/10
AVAILABLE WITH/BY	41 D:	ANY BANK IN CHINA, BY NEGOTIATION
PARTIAL SHIPMENTS	43 P:	NOT ALLOWED
TRANSSHIPMENT	43 T:	NOT ALLOWED
PORT OF LOADING/ AIRPORT OF DEPARTURE	44E:	CHINESE MAIN PORT
PORT OF DISCHARGE	44F:	RIO DE JANEIRO
LATEST DATE OF SHIPMENT	44 C:	170517
GOODS DESCRIPTION	45 A:	ABOUT 1 700 CARTONS CANNED MUSHROOM PIECES & STEMS 24 TINS X 220 GRAMS NET WEIGHT (G.W. 420 GRAMS) AT USD8.00 PER CARTON, ROSE BRAND,

续表

		CIF DAMMAM PORT, SAUDI ARABIA AS PER INCOTERMS® 2010, AS PER S/C NO. CL180203, DATED FEB. 22, 2017.
DOCUMENTS REQUIRED	46 A:	+ SIGNED COMMERCIAL INVOICE MANUALLY IN TRIPLICATE AND MUST SHOW BREAK DOWN OF THE AMOUNT AS FOLLOWS: FOB VALUE, FREIGHT CHARGES, PREMIUM AND TOTAL AMOUNT CIF. + FULL SET CLEAN ON BOARD BILL OF LADING MADE OUT TO THE ORDER OF AL RAJHI BANKING AND INVESTMENT CORP, MARKED FREIGHT PREPAID AND NOTIFY APPLICANT, INDICATING THE FULL NAME, ADDRESS AND TEL NO. OF THE CARRYING VESSEL'S AGENT AT THE PORT OF DISCHARGE. + INSURANCE POLICY IN DUPLICATE ENDORSED IN BLANK COVERING W.P.A. OF CIC OF PICC . + PACKING LIST IN ONE ORIGINAL PLUS 5 COPIES, ALL OF WHICH MUST BE MANUALLY SIGNED. + INSPECTION (HEALTH) CERTIFICATE FROM C.I.Q. (ENTRY-EXIT INSPECTION AND QUARANTINE OF THE PEOPLES REP. OF CHINA) STATING GOODS ARE FIT FOR HUMAN BEING. + CERTIFICATE OF ORIGIN DULY CERTIFIED BY C.C.P.I.T., STATING THE NAME OF THE MANUFACTURERS OR PRODUCERS AND THAT GOODS EXPORTED ARE WHOLLY OF CHINESE ORIGIN. + THE PRODUCTION DATE OF THE GOODS NOT TO BE EARLIER THAN HALF MONTH AT TIME OF SHIPMENT. BENEFICIARY MUST CERTIFY THE SAME.
ADDITIONAL CONDITIONS	47 A:	+A DISCREPANCY FEE OF USD50.00 WILL BE IMPOSED ON EACH SET OF DOCUMENTS PRESENTED FOR NEGOTIATION UNDER THIS L/C WITH DISCREPANCY. THE FEE WILL BE DEDUCTED FROM THE BILL AMOUNT.
CHARGES	71 B:	ALL CHARGES OUTSIDE KSA ON BENEFICIARIES' ACCOUNT INCLUDING REIMBURSING COMMISSION, DISCREPANCY FEE (IF ANY) AND COURIER CHARGES.
PERIOD FOR PRESENTATION	48:	WITHIN 10 DAYS AFTER THE DATE OF SHIPMENT, BUT WITHIN THE VALIDITY OF THIS CREDIT.
CONFIRMATION INSTRUCTIONS	49:	WITHOUT
REIMBURSEMENT BANK	53 D:	AL RAJHI BANKING AND INVESTMENT CORP RIYADH (HEAD OFFICE)
INSTRUCTIONS TO PAYING BANK	78:	DOCUMENTS TO BE DESPATCHED IN ONE LOT BY COURIER. ALL CORRESPONDENCE TO BE SENT TO ALRAJHI BANKING AND INVESTMENT COPRORATION RIYADH (HEAD OFFICE)
SENDER TO RECEIVER INFORMATION	72:	REIMBURSEMENT IS SUBJECT TO ICC URR 525.

2．货物实际装运信息

（1）数量：1 750 纸箱。

（2）纸箱尺寸：30 厘米×25 厘米×20 厘米。

（3）商业发票号码：2017NHT098。

（4）商业发票日期：2017 年 4 月 28 日。

（5）SHIPPING MARKS:

ST
ROSE BRAND
RIO DE JANEIRO
C/NO: 1-UP

（6）装运港：上海港。

（7）国外运费：1 000 美元。

（8）国外保费：80 美元。

（9）嘉兴市拓美进出口有限公司的法人代表：吴荣林。

（二）操作要求

2017 年 4 月 28 日，嘉兴市拓美进出口有限公司（JIAXING TOMAY IMPORT&EXPORT CO.,LTD.）外贸单证员陈琳根据以下的信用证条款和货物实际出运信息，制作商业发票。

<table>
<tr><td colspan="6">COMMERCIAL INVOICE</td></tr>
<tr><td rowspan="4">To</td><td colspan="3" rowspan="4"></td><td>Invoice No.</td><td></td></tr>
<tr><td>Invoice Date</td><td></td></tr>
<tr><td>S/C No.</td><td></td></tr>
<tr><td>S/C Date</td><td></td></tr>
<tr><td>From</td><td colspan="2"></td><td>To</td><td colspan="2"></td></tr>
<tr><td>L/C No.</td><td colspan="2"></td><td rowspan="2">Issued by</td><td colspan="2" rowspan="2"></td></tr>
<tr><td>Date of Issue</td><td colspan="2"></td></tr>
<tr><td>Marks and Numbers</td><td colspan="2">Description of goods</td><td>Quantity</td><td>Unit Price</td><td>Amount</td></tr>
<tr><td></td><td colspan="2"></td><td></td><td></td><td></td></tr>
<tr><td>TOTAL</td><td colspan="2"></td><td></td><td></td><td></td></tr>
<tr><td>SAY TOTAL</td><td colspan="5"></td></tr>
<tr><td colspan="6"></td></tr>
</table>

项目 4　制作装箱单

技能训练目标

知识目标

熟悉包装单据的分类和作用，熟悉《UCP600》中关于包装单据的条款。

能力目标

能读懂 L/C 条款和/或外贸合同条款中的包装条款，能根据 L/C 条款和/或外贸合同条款准确填写包装单据相关栏目的内容。

技能训练内容

1．包装单据分类和作用。

2．L/C 和/或外贸合同中包装条款的阅读。

3．装箱单的内容。

4．装箱单的填制要求。

技能训练练习题

一、单项选择题

1．下列单证不属于包装单据的是（　　）。

A．重量单　　B．尺码单　　C．装货单　　D．装箱单

2．表示唛码标记的英文缩写是（　　）。

A．N/B　　B．N/M　　C．N/N　　D．B/L

3．货物外包装上印刷有一只酒杯或一把雨伞，这种标志属于（　　）。

A．危险性标志　　B．指示性标志　　C．警告性标志　　D．易燃性标志

4．货物外包装上印刷有一把火，这种标志属于（　　）。

A．警告性标志　　B．唛头　　C．指示性标志　　D．运输标志

5．对于价值较低的商品，往往采用（　　）计算其重量。

A．理论重量　　B．净重　　C．法定重量　　D．以毛作净

6．信用证规定“Packing list in five copies”，则受益人提交的装箱单份数应该是（　　）。

A．5 份副本　　B．一式 5 份

C．5 份正本 5 份副本　　　　D．只交副本，不交正本

7．下列单证不属于包装单据的是（　　）。

A．装箱单　　B．尺码单　　C．装货单　　D．重量单

8．国外来证两份，均规定为分批装运不允许。（A）棉布 10 万码，每码 0.40 美元，信用证总金额 42 000 美元；（B）服装 1 000 套，每套 20 美元，信用证总金额 21 000 美元。根据《UCP600》的规定，两证出运的最高数量和金额可分别掌握为（　　）。

A．棉布 100 000 码，40 000 美元；服装 1 000 套，20 000 美元

B．棉布 105 000 码，42 000 美元；服装 1 000 套，20 000 美元

C．棉布 100 000 码，40 000 美元；服装 1 050 套，21 000 美元

D．棉布 105 000 码，42 000 美元；服装 1 050 套，21 000 美元

9．我公司按 CIF London USD80.00 Per M/T 向英国出口数量为 10 000 M/T 的散装小麦，合同规定不能分批，国外开立信用证金额为 80 万美元，则我方发货（　　）。

A．数量和金额不能增减

B．数量和金额可在 5%以内增减

C．数量和金额可在 10%以内增减

D．数量在 9 500～10 000 吨之间，金额不得超过 80 万美元

二、多项选择题

1．装箱单的作用主要是补充发票内容的不足，通过对包装件数、唛头、规格等填制，明确产品的包装情况，（　　）。

A．便于进口商了解产品的数量与包装　　B．便于进口国海关检查与核对产品

C．是出口商必须向进口商提交的单据　　D．是出口商必须向银行提交的单据

2．国际标准化组织推荐的标准唛头应包括的内容有（　　）。

A．收货人名称的缩写或代号　　B．目的港（地）

C．箱号或件号　　D．参考号（合同号、订单号等）

E．原产地

3．以下单据中，对发票起补充说明作用的有（　　）。

A．装箱单　　B．提单　　C．尺码单　　D．重量单

E．品质证书

三、判断题（对的打“√”，错的打“×”）

1．根据国际航协规定，体积重量是以 0.008 立方米作为 1 千克来计算的。（　　）

2．货物外包装上的运输标志须在有关的托运单、商业发票、装箱单、提单上显示。但指示性、警告性标志无须在上述单据上显示。（　　）

3．某商品 100 箱，每箱尺寸 10 厘米×20 厘米×30 厘米，每箱毛重 30 千克。海运费计收标准按 W/M，则承运人按毛重计收运费。（　　）

4．如果合同中未明确规定按毛重还是按净重计价，根据惯例应该按净重计价。（　　）

5．若信用证要求“packing list to be made out in neutral form”是指装箱单做成中性的形式。也就是说，装箱单上不显示买方的名称或任何可以显示买方身份的标记、符号等。（　　）

6. 装箱单或重量单的签发日期既可等于或迟于发票日期，又可早于发票签发日期。（ ）
7. 进出口商品包装上的包装标志，都要在运输单据上表明。（ ）

四、实训操作题

习 题 一

（一）实训资料

FORM OF DOC.CREDIT 40 A: IRREVOCABLE
DOC.CREDIT NUMBER 20: BL-151805
DATE OF ISSUE 31C: 170325
EXPIRY 31D: DATE 170531 IN CHINA
APPLICANT 50: THOMAS IMP. AND EXP. COMPANY
32 BLUEBIRD STREET，BANGKOK，THAILAND
APPLICANT BANK 51D: KRUNG THAI BANK PUBLIC CO., LTD.
BANGKOK
BENEFICIARY 59: JIAXING TOMAY IMPORT&EXPORT CO.,LTD
NO.199 XIUYUAN ROAD,JIAXING CITY,ZHEJIANG ,CHINA
AMOUNT 32B: USD 36 300.00
AVAILABLE WITH/BY 41D: ANY BANK
BY NEGOTIATION
DRAFTS AT... 42C: AT SIGHT
FOR FULL INVOICE VALUE
DRAWEE 42D: KRUNG THAI BANK PCL
SUANMALI IBC
BANGKOK
PARTIAL SHIPMENTS 43P: PROHIBITED
TRANSSHIPMENT 43T: PERMIT
PORT OF LOADING 44E: SHANGHAI
PORT OF DISCHARGE 44F: BANGKOK
DESCRIPTION OF GOODS 45A:65 PCT COTTON 35 PCT RAYON LADIES' COATS
CIF BANGKOK
ITEM NO. 3501T, 1 000PCS, USD9.00/PC
ITEM NO. 3501B, 1 000PCS, USD9.50/PC
ITEM NO. 3502T, 1 000PCS, USD8.80/PC
ITEM NO. 3502B, 1 000PCS, USD9.00/PC
DOCUMENTS REQUIRED 46A: +MANUALLY SIGNED COMMERCIAL INVOICE IN
QUADRUPLICATE CERTIFYING THAT ALL DETAILS ARE AS
PER PROFORMA INVOICE NO HS15E0428 DATED 2017-04-28
AND ALSO SHOW THE FREIGHT CHARGE, PREMIUM, FOB
VALUE AND COUNTRY OF ORIGIN SEPARATELY

+FULL SET CLEAN ON BOARD OCEAN BILLS OF LADING MADE OUT TO OUR ORDER MARKED FREIGHT PREPAID NOTIFY APPLICANT AND SHOWING THE NAME AND ADDRESS OF THE SHIPPING AGENT AT DESTINATION

+SIGNED PACKING ASSORTED LIST IN QUADRUPLICATE STATING THAT ONE PC IN ONE PP BAG AND 50PCS IN AN EXPORT CARTON.

+SIGNED CERTIFICATE OF ORIGIN IN DUPLICATE SHOWING THE NAME OF THE MANUFACTURER

+INSURANCE POLICY IN DUPLICATE FOR 110 PCT OF THE INVOICE VALUE COVERING ALL RISKS AS PER CIC OF PICC DATED 01/01/2010 WAREHOUSE TO WAREHOUSE CLAUSE INCLUDED IN THE SAME CURRENCY OF THE DRAFTS CLAIM PAYABLE IN THAILAND

+BENEFICIARY'S CERTIFICATE STATING THAT ONE SET OF N/N SHIPPING DOCUMENTS HAS BEEN SENT TO THE APPLICANT DIRECTLY IMMEDIATELY AFTER SHIPMENT EFFECTED

ADDITIONAL CONDITIONS 47A: +ALL DOCUMENTS MUST SHOW THE CREDIT NUMBER AND DATE AND NAME OF THE ISSUING BANK

+A DISCREPANCY HANDLING FEE OF USD100.00 SHOULD BE DEDUCTED AND INDICATED ON THE BILL SCHEDULE FOR EACH PRESENTATION OF DISCREPANT DOCUMENTS UNDER THIS CREDIT

+THIS DOCUMENTARY CREDIT IS SUBJECT TO UNIFORM CUSTOMS AND PRACTICE FOR DOCUMENTARY CREDIT ICC PUBLICATION NO. 600

PRESENTATION PERIOD 48: WITHIN 15 DAYS AFTER THE DATE OF B/L BUT WITHIN THE VALIDITY OF THIS CREDIT

CONFIRMATION 49. WITHOUT

ADVISING THROUGH 57: THIS CREDIT IS ADVISED THROUGH BANK OF CHINA HANGZHOU BRANCH

DETAILS OF CHARGES 71B: ALL BANKING CHARGES OUTSIDE THAILAND ARE FOR THE ACCOUNT OF BENEFICIARY

INSTRUCTION 78: ON RECEIPT OF DOCUMENTS CONFIRMING TO THE TERMS OF THIS DOCUMENTARY CREDIT, WE UNDERTAKE TO REIMBURSE YOU IN THE CURRENCY OF THE CREDIT IN ACCORDANCE WITH YOUR INSTRUCTIONS, WHICH SHOULD INCLUDE YOUR UID NUMBER AND THE ABA

	CODE OF THE RECEIVING BANK
SEND. TO REC. INFO.	72: DOCUMENTS TO BE DISPATCHED BY COURIER SERVICE IN ONE LOT TO BANK OF CHINA BANGKOK BRANCH TRADE SERVICES, 26 BOLIDEN ROAD, BANGKOK, THAILAND

其他相关资料

提单号码：COS1205851　　提单日期：2017年5月10日

船名：ZHEN HUA V. 007S　　原产地证号：6838992

商品编号：6209.9000　　20尺拼箱，CFS/CFS

集装箱号：COSU561753　　封号：08153

毛重：16千克　　净重：14.5千克

外箱尺码：60cm×40cm×40cm　　保单号码：201231001789626

合同号码：HS120316　　合同日期：2017年3月16日

海运费：864美元　　保险费：80美元

议付银行：中国银行嘉兴分行

唛头：

THOMAS

TH120316

BANGKOK

NOS. 1-80

（二）操作要求

根据上述信用证，把装箱单填写完整。

嘉兴市拓美进出口有限公司

JIAXING TOMAY IMPORT&EXPORT CO.,LTD

199 XIUYUAN ROAD ,JIAXING,ZHEJIANG, CHINA

装 箱 单

(1)

To: (2)

Invoice No.: HS15E0428

Invoice Date: 28 APR., 2017

S/C No.: (3)

S/C Date: (4)

Transport details

From: SHANGHAI　　**To:** BANGKOK　　**By Vessel**

Description of goods: (5)										
Ctn. No.	**Ctns**	**Item No.**	**Size assortment for Ctn.**						**PCS/CTN**	**Total PCS**
			S	**M**	**L**	**XL**	**2XL**	**3XL**		
	(6)						(7)		(8)	(9)

续表

1-20		3501T	8	8	10	8		8		
21-40		3501B	8	8	10	8		8		
41-60		3502T	6	6	12	12		6	50	
61-80		3502B	6	6	12	12		6	50	

80CTNS 4 000PCS

TOTAL PACKED IN EIGHTY CARTONS ONLY.

GROSS WEIGHT: @16 / 1 280.00KGS

NET WEIGHT: @14.5 / 1 160.00KGS

MEASUREMENT: @(60*40*40)CMS / 7.680CBM

WE HEREBY STATE THAT ONE PC IN ONE PP BAG AND 50PCS IN AN EXPORT CARTON.

(10)

嘉兴市拓美进出口有限公司

JIAXING TOMAY IMPORT&EXPORT CO.,LTD

吴荣林（章）

习　题　二

（一）实训资料

1．信用证

MT 700		ISSUE OF A DOCUMENTARY CREDIT
APPLICATION HEADER		RJHISARIAXXX *ALRAJHI BANKING AND INVESTMENT *CORPORATION *RIYADH (HEAD OFFICE)
SEQUENCE OF TOTAL	27:	1 / 1
FORM OF DOC. CREDIT	40 A:	IRREVOCABLE
DOC. CREDIT NUMBER	20:	HDB151A100016
DATE OF ISSUE	31 C:	170317
DATE/PLACE OF EXPIRY	31 D:	DATE 170527 PLACE IN CHINA
APPLICANT	50:	SANTOS TRADE COMPANY LIMITED 355 SAN JOSE BOULEVARD, RIO DE JANEIRO, BRAZIL
BENEFICIARY	59:	JIAXING TOMAY IMPORT&EXPORT CO.,LTD. NO.199 XIUYUAN ROAD, JIAXING CITY,ZHEJIANG, CHINA
AMOUNT	32 B:	CURRENCY USD AMOUNT 14 000.00

续表

PERCENTAGE CREDIT AMOUNT TOLERANCE	39A：	10/10
AVAILABLE WITH/BY	41 D：	ANY BANK IN CHINA, BY NEGOTIATION
PARTIAL SHIPMENTS	43 P：	NOT ALLOWED
TRANSSHIPMENT	43 T：	NOT ALLOWED
PORT OF LOADING/ AIRPORT OF DEPARTURE	44E：	CHINESE MAIN PORT
PORT OF DISCHARGE	44F：	RIO DE JANEIRO
LATEST DATE OF SHIPMENT	44 C：	170517
GOODS DESCRIPTION	45 A：	ABOUT 1 700 CARTONS CANNED MUSHROOM PIECES & STEMS 24 TINS X 220 GRAMS NET WEIGHT (G.W. 420 GRAMS) AT USD8.00 PER CARTON, ROSE BRAND, CIF DAMMAM PORT, SAUDI ARABIA AS PER INCOTERMS® 2010, AS PER S/C NO. CL180203, DATED FEB. 22, 2017.
DOCUMENTS REQUIRED	46 A：	+ SIGNED COMMERCIAL INVOICE MANUALLY IN TRIPLICATE AND MUST SHOW BREAK DOWN OF THE AMOUNT AS FOLLOWS: FOB VALUE, FREIGHT CHARGES, PREMIUM AND TOTAL AMOUNT CIF. + FULL SET CLEAN ON BOARD BILL OF LADING MADE OUT TO THE ORDER OF AL RAJHI BANKING AND INVESTMENT CORP, MARKED FREIGHT PREPAID AND NOTIFY APPLICANT, INDICATING THE FULL NAME, ADDRESS AND TEL NO. OF THE CARRYING VESSEL'S AGENT AT THE PORT OF DISCHARGE. + INSURANCE POLICY IN DUPLICATE ENDORSED IN BLANK COVERING W.P.A. OF CIC OF PICC . + PACKING LIST IN ONE ORIGINAL PLUS 5 COPIES, ALL OF WHICH MUST BE MANUALLY SIGNED. + INSPECTION (HEALTH) CERTIFICATE FROM C.I.Q. (ENTRY-EXIT INSPECTION AND QUARANTINE OF THE PEOPLES REP. OF CHINA) STATING GOODS ARE FIT FOR HUMAN BEING. + CERTIFICATE OF ORIGIN DULY CERTIFIED BY C.C.P.I.T., STATING THE NAME OF THE MANUFACTURERS OR PRODUCERS AND THAT GOODS EXPORTED ARE WHOLLY OF CHINESE ORIGIN. + THE PRODUCTION DATE OF THE GOODS NOT TO BE EARLIER THAN HALF MONTH AT TIME OF SHIPMENT. BENEFICIARY MUST CERTIFY THE SAME.
ADDITIONAL CONDITIONS	47 A：	+A DISCREPANCY FEE OF USD50.00 WILL BE IMPOSED ON EACH SET OF DOCUMENTS PRESENTED FOR NEGOTIATION UNDER THIS L/C WITH DISCREPANCY. THE FEE WILL BE DEDUCTED FROM THE BILL AMOUNT.
CHARGES	71 B：	ALL CHARGES OUTSIDE KSA ON BENEFICIARIES' ACCOUNT INCLUDING REIMBURSING COMMISSION, DISCREPANCY FEE (IF ANY) AND COURIER CHARGES.

续表

PERIOD FOR PRESENTATION	48:	WITHIN 10 DAYS AFTER THE DATE OF SHIPMENT, BUT WITHIN THE VALIDITY OF THIS CREDIT.
CONFIRMATION INSTRUCTIONS	49:	WITHOUT
REIMBURSEMENT BANK	53 D:	AL RAJHI BANKING AND INVESTMENT CORP RIYADH (HEAD OFFICE)
INSTRUCTIONS TO PAYING BANK	78:	DOCUMENTS TO BE DESPATCHED IN ONE LOT BY COURIER. ALL CORRESPONDENCE TO BE SENT TO ALRAJHI BANKING AND INVESTMENT COPRORATION RIYADH (HEAD OFFICE)
SENDER TO RECEIVER INFORMATION	72:	REIMBURSEMENT IS SUBJECT TO ICC URR 525.

2．货物实际装运信息。

（1）数量：1 750 纸箱。

（2）纸箱尺寸：30 厘米×25 厘米×20 厘米。

（3）商业发票号码：2017NHT098。

（4）商业发票日期：2017 年 4 月 28 日。

（5）SHIPPING MARKS:

ST
ROSE BRAND
RIO DE JANEIRO
C/NO: 1-UP

（6）装运港：上海港。

（7）国外运费：1 000 美元。

（8）国外保费：80 美元。

（9）嘉兴市拓美进出口有限公司的法人代表：吴荣林。

（二）操作要求

2017 年 4 月 28 日，嘉兴市拓美进出口有限公司（JIAXING TOMAY IMPORT&EXPORT CO.,LTD.）外贸单证员陈琳根据以下的信用证条款和货物实际出运信息，制作装箱单。

<table>
<tr><th colspan="6">PACKING LIST</th></tr>
<tr><td rowspan="4">To</td><td rowspan="4" colspan="3"></td><td>Invoice No.</td><td></td></tr>
<tr><td>Invoice Date</td><td></td></tr>
<tr><td>S/C No.</td><td></td></tr>
<tr><td>S/C Date</td><td></td></tr>
<tr><td>From</td><td colspan="2"></td><td>To</td><td colspan="2"></td></tr>
<tr><td>L/C No.</td><td colspan="2"></td><td rowspan="2">Issued By</td><td rowspan="2" colspan="2"></td></tr>
<tr><td>Date of Issue</td><td colspan="2"></td></tr>
</table>

续表

Marks and Numbers	Description of goods	Quantity	No.&Kind of package	G.W	N.W	Meas.
TOTAL						
SAY TOTAL						

项目 5　制作订舱委托书和办理订舱

技能训练目标

知识目标

熟悉托运操作流程、集装箱的装箱方式，了解托运的注意事项。

能力目标

能分析 L/C 条款和/或外贸合同条款，能准确填制订舱委托书，能办理订舱。

技能训练内容

1．托运操作流程。

2．订舱委托书的内容和缮制要点。

3．分析信用证或外贸合同条款对托运人、收货人、通知人、运费支付方式的规定。

技能训练练习题

一、单项选择题

1．在租船合同中明示 Free in，主要是解决在（　　）条件下货物的装船费用问题。

A．班轮　　B．程租船　　C．期租船　　D．光船租船

2．在 FOB 条件下，若采用租船运输，如买方不愿承担装货费及平舱费，那么应在合同中规定（　　）。

A．FOB Liner Terms　　B．FOB Under Tackle

C．FOB Stowed　　D．FOB Trimmed

3．出口商委托货代办理租船订舱时，出口商填写的是（　　）。

A．装货单　　B．托运单　　C．报检单　　D．报关单

4．如信用证规定“Shipment about 15th Oct.2000”，那么装运期可以是（　　）。

A．11 号至 19 号　　B．11 号至 20 号　　C．10 号至 20 号　　D．10 号至 19 号

某公司向新加坡某公司出口一批农产品共 40 000 吨，国外来证规定：“Time of shipment: during Apr./May,2010, Partial shipment is not allowed; Port of shipment: Guangzhou /Zhanjiang;

Port of Destination: Singapore”。我公司在 4 月 28 日分别在广州和湛江各将 20 000 吨货物装上“海兴”轮第 50 航次和“长河”轮第 50 航次，驶往目的港新加坡。

5. 对上述材料说法正确的一项是（　　）。

A. 我公司货物出运时的装货港不同，属于分批装运，违反了信用证的规定

B. 我公司货物经同航次船只运输，不属于分批装运，没有违反信用证的规定

C. 我公司使用不同的船只运输，属于分批装运，违反了信用证的规定

D. 我公司于同一日期发运货物，不属于分批装运，没有违反信用证的规定

6. 若我公司先后于 4 月 28 日和 5 月 2 日分别在广州和湛江各装 20 000 吨货物于第 169 航次的“红日”轮运往目的港新加坡，则下列说法正确的是（　　）。

A. 我公司货物发运日期不同，属于分批装运，违反了信用证的规定

B. 我公司使用同一船只运输，不属于分批装运，没有违反信用证的规定

C. 我公司货物出运时的装运港不同，属于分批装运，违反了信用证的规定

D. 我公司货物分两批出运取得两套单据，属于分批装运，违反了信用证规定

7. 开展（　　）是实现“门到门”运输的有效途径，它有利于简化手续，减少中间环节，快速低成本地提高运输质量。

A. 航空运输　　B. 邮包运输　　C. 铁路运输　　D. 集装箱运输

8. 为防止船期与备货出现脱节难以履行合同，（　　）。

A. 货物备妥时间应早于约定的装运期或交货期

B. 货物备妥时间应晚于约定的装运期或交货期

C. 货物备妥时间应与约定的装运期或交货期同步

D. 货物备妥时间与约定的装运期或交货期没有关系

9. 在程租船条件下，下列表示船方负担装卸费的是（　　）。

A. Gross Term　　B. Free In　　C. Free Out　　D. Free In and Out

10. CFR Landed Osaka 指（　　）承担在大阪港的卸货费用。

A. 进口人　　B. 出口人　　C. 船公司　　D. 出口人和进口人

11. 根据《2010 通则》的解释，在目的港交货并由卖方支付卸货费的术语是（　　）。

A. CIF　　B. DAP　　C. DDP　　D. DAT

12. CIF 术语中的卖方不愿承担卸货费用，可以选用（　　）。

A. CIF Ex tackle　　B. CIF Landed

C. CIF Ex ship´s hold　　D. CIF Liner terms

13. 空运出口某商品 210 箱，每箱毛重 3.9 千克，每箱体积 40 厘米×30 厘米×30 厘米，航空运单上该批商品的计价重量为（　　）。

A. 210 千克　　B. 819 千克　　C. 1 260 千克　　D. 7 560 千克

14. 以下关于海运提单的说法不正确的是（　　）。

A. 货物收据　　B. 运输合同的证明

C. 物权凭证　　D. 无条件支付命令

15. 海运提单的抬头是指提单的（　　）。

A. Shipper　　B. Consignee　　C. Notify Party　　D. Carrier

16. 关于提单，下面说法正确的是（　　）。

A．提单是代表货物所有权的物权凭证或运输契约

B．提单辅助发票说明不足，并详细说明包装内容或货物数量以及标记号

C．提单是国外卖方或厂商对货物出具的明细账单

D．提单又称来源证，主要对货物的产地、厂家进行佐证，便于海关掌握国别地区，纳税时参考

17．下列构成不清洁提单的批注是（　　）。

A．货物装二手麻袋

B．强调承运人对于货物或包装性质所引起的风险不负责任

C．否认承运人知晓货物的内容、重量、容积、质量或技术规格

D．五箱水渍

18．海运提单收货人一栏填写：ABC Trading Corp.，则该提单是（　　）。

A．记名提单　　B．指示提单

C．不记名提单　　D．空白抬头、空白背书提单

19．信用证规定贸易术语为 CIF New York，提单上运费栏目应为（　　）。

A．Freight Prepaid　　B．Freight Prepayable

C．Freight to Collect　　D．Freight to be Prepaid

20．根据《UCP 600》的规定，海运提单的签发日期应理解为（　　）。

A．货物开始装船的日期　　B．货物装船完毕的日期

C．货物装运过程中的任何一天　　D．运输合同中的装运日

21．按提单收货人分类，有记名提单、不记名提单和指示提单。经过背书才能转让的提单是（　　）。

A．来人抬头提单　　B．指示提单　　C．记名提单　　D．不记名提单

22．航空运单（　　）。

A．代表物权，经背书可转让　　B．代表物权，但不能转让

C．不代表物权，不能凭以向承运人提货　　D．不代表物权，但可以作为提货凭证

根据以下信用证条款回答 23～25 题。

Applicant：Peter Flowers Corp., Netherlands

231 Merry Street Amsterdam, Netherlands

Beneficiary：May Flowers Corp., China

18 Chun Shan Road, Shanghai, China

Documents required：

Full set of clean on board ocean bills of lading made out to order and blank endorsed，marked “freight prepaid” ,notify applicant.

23．该提单的收货人一栏应填制为（　　）。

A．Peter Flowers Corp., Netherlands

231 Merry Street Amsterdam, Netherlands

B．May Flowers Corp., China

18 Chun Shan Road Shanghai, China

C．to order

D．Bank of China，Shanghai Branch

24．该提单的通知人一栏应填制为（　　）。

A．Peter Flowers Corp., Netherlands

231 Merry Street Amsterdam, Netherlands

B．May Flowers Corp., China

18 Chun Shan Road Shanghai, China

C．to order

D．Bank of China., Shanghai Branch

25．按提单收货人分类，该提单属于哪一种类？（　　）

A．记名提单　　B．不记名提单　　C．清洁提单　　D．指示提单

26．在航空运单中的“Executed on date”栏目表示的日期，一般应是（　　）。

A．航空公司接受托运货物的日期　　B．签发航空运单的日期

C．信用证规定的最后装运日期　　D．实际起飞的日期

27．空运方式下，收货人凭（　　）提货。

A．给托运人的空运单正本　　B．给收货人的空运单正本

C．用于记账的空运单正本　　D．航空公司的到货通知

28．信用证规定货物从中国港口运至美国港口，不允许分批，提交正本海运提单，最迟装期为 2017 年 8 月 8 日。同时提交两套提单。第一套提单：PORT OF LOADING: SHANGHAI OCEAN VESSEL: FREEDOM V 123 PORT OF DISCHARGE: NEW YORK ON BOARD DATE: AUG.7, 2017. 第二套提单：PORT OF LOADING: GUANGZHOU OCEAN VESSEL: FREEDOM V.123 PORT OF DISCHARGE: NEW YORK ON BOARD DATE: AUG.8,2017. 根据《UCP 600》，以下关于提单陈述，正确的是（　　）。

A．分批装运，理由是提交了两套提单

B．分批装运，理由是两套提单的装运港和装船日期不同

C．未产生分批装运，理由是两套提单的目的地相同

D．未产生分批装运，理由是两套提单的装运船只、航程及目的地相同

29．国际铁路运单是铁路与货主之间的运输契约，也是铁路在终点站向收货人核收运杂费用和移交货物的依据，（　　）。

A．并且又是物权凭证　　B．但它不是物权凭证

C．虽然不是物权凭证，但可以转让　　D．是物权凭证，但不可以转让

30．下面 4 份海运提单，托运人是 XYZ 公司。根据收货人的不同，（　　）需要托运人背书。

A．To Order　　B．To ABC Co., Ltd

C．To Order of ABC Co., Ltd　　D．To Order of ABC Bank

二、多项选择题

1．班轮运输最基本的特点有（　　）。

A．固定的航线　　B．固定的挂靠港口　　C．固定船公司

D．固定的船舶航期　　E．相对固定的运价

2．买方采用 FOB 条件进口散装小麦，货物用程租船运输，当买方不愿承担装货费用时，

可选用以下价格变形（　　）。

A．FOB Liner Terms　B．FOB Under Tackle　C．FOB Trimmed　D．FOB Stowed

E．FOB Stowed and Trimmed

3．在下列集装箱运输的情况下，船公司无法提供“门到门”的服务的条件是（　　）。

A．FCL/FCL　B．FCL/LCL　C．LCL/FCL　D．LCL/LCL

E．以上都无法提供

4．航空运单的托运人名称和地址栏目一般填写（　　）。

A．托运人的名称和地址　B．托运人的国家（国家两字代号）

C．托运人的传真号码　D．托运人的电话号码

E．航空公司的名称和地址

5．下列条件中，国际多式联运必须符合的有（　　）。

A．依据国际多式联运合同

B．至少有两种不同的运输方式

C．多式联运经营人将货物从一国境内运送至另一国境内

D．以集装箱为媒介

6．班轮运费的计算标准可采用（　　）等计算。

A．按毛重　B．按体积　C．按净重　D．按数量

7．在租船合同中，船方是否负担装卸费用，可采用（　　）来表示。

A．FIO　B．FCA　C．FI　D．FO

三、判断题（对的打“√”，错的打“×”）

1．集装箱运输时，LCL 是指拼箱运输。（　　）

2．按 CFR Landed 条件成交，卖方应负担货物卸到岸上的一切费用和风险。（　　）

3．班轮是指按照规定的时间，在规定的航线上，按规定的港口次序往返并收取相对固定运费的运输货物的船舶。（　　）

4．集装箱运输是以集装箱为运输单位进行运输的一种现代化的运输方式，适用于海洋运输、铁路运输、公路运输和国际多式联运等。（　　）

四、实训操作题

（一）实训资料

1．商业发票

ISSUER JIAXING TOMAY IMPORT&EXPORT CO.,LTD. NO.199 XIUYUAN ROAD, JIAXING CITY,ZHEJIANG ,CHINA	商业发票 **COMMERCIAL INVOICE**	
TO FASHION FORCE CO., LTD P.O.BOX 8935 NEW TERMINAL, ALTA, VISTA OTTAWA, CANADA	**NO.** NT01FF004	**DATE** Mar.9, 2017

续表

<table>
<tr><td rowspan="2">TRANSPORT DETAILS
SHIPMENT FROM SHANGHAI TO MONTREAL BY VESSEL</td><td>S/C NO.
F09LCB05127</td><td colspan="2">L/C NO.
63211020049</td></tr>
<tr><td colspan="3">TERMS OF PAYMENT
L/C AT SIGHT</td></tr>
</table>

<table>
<tr><td rowspan="2">Marks and Numbers</td><td rowspan="2">Number and kind of package
Description of goods</td><td rowspan="2">Quantity</td><td>Unit Price</td><td>Amount</td></tr>
<tr><td colspan="2">USD</td></tr>
<tr><td rowspan="2">FASHION FORCE
F09LCB05127
CTN NO.
MONTREAL
MADE IN CHINA</td><td colspan="4">CIF MONTREAL, CANADA</td></tr>
<tr><td>LADIES COTTON BLAZER
(100% COTTON, 40SX20/140X60)</td><td>2 550PCS</td><td>USD12.80</td><td>USD32 640.00</td></tr>
<tr><td></td><td>Total:</td><td>2 550PCS</td><td></td><td>USD32 640.00</td></tr>
</table>

SAY TOTAL: USD THIRTY TWO THOUSAND SIX HUNDRED AND FORTY ONLY

SALES CONDITIONS: CIF MONTREAL/CANADA

SALES CONTRACT NO. F09LCB05127

LADIES COTTON BLAZER (100% COTTON, 40SX20/140X60)

STYLE NO. .	PO NO.	QTY/PCS .	USD/PC
46-301A .	10337..	2550. .	12.80

PACKAGE. .	N. W. .	G. W.
85CARTONS	17KGS	19KGS

TOTAL PACKAGE: 85 CARTONS

TOTAL MEAS: 21.583 CBM

JIAXING TOMAY IMPORT&EXPORT CO.,LTD.

吴荣林

2. 信用证

SOME MSG FROM THE L/C (ISSUED BY BNP PARIBAS (CANADA))

DOC. CREDIT NUMBER	*	20 :	6321102004 9
DATE OF ISSUE		31C:	170129
EXPIRY	*	31D:	**DATE 170409 PLACE IN BENEFICIARY'S COUNTRY**
APPLICANT	*	50 :	FASHION FORCE CO., LTD P.O.BOX 8935 NEW TERMINAL, ALTA, VISTA OTTAWA, CANADA
BENEFICIARY	*	59 :	JIAXING TOMAY IMPORT&EXPORT CO.,LTD. NO.199 XIUYUAN ROAD, JIAXING CITY,ZHEJIANG ,CHINA
……			
PARTIAL SHIPMENTS		43P :	NOT ALLOWED
TRANSSHIPMENT		43T :	ALLOWED
FOR TRANSPORT TO...		44B :	MONTREAL
LATEST DATE OF SHIP.		44C :	170325
DOCUMENTS REQUIRED		46A :	

\+ FULL SET OF ORIGINAL MARINE BILLS OF LADING CLEAN ON BOARD PLUS 2 NON NEGOTIABLE COPIES MADE OUT OR ENDORSED TO ORDER OF BNP PARIBAS (CANADA) MARKED FREIGHT PREPAID AND NOTIFY APPLICANT'S FULL NAME AND ADDRESS.

其他相关资料。

公司相关情况：

电话：025-58818844

开户银行：中国银行

银行账号：58625935148

（二）操作要求

2017年3月11日，公司准备向船公司进行订舱，请根据商业发票、信用证和相关资料填制订舱委托书。

出 口 货 物 订 舱 委 托 书 日期 2017年3月11日

1）发货人	4）信用证号码	
	5）开证银行	
	6）合同号码	7）成交金额
	8）装运口岸	9）目的港
2）收货人	10）转船运输	11）分批装运
	12）信用证有效期	13）装船期限

续表

2）收货人	14）运费	15）成交条件
	16）公司联系人	17）电话/传真
3）通知人	18）公司开户行	19）银行账号
	20）特别要求	

21）标记唛码	22）货号规格	23）包装件数	24）毛重	25）净重	26）数量	27）单价	28）总价

	29）总件数	30）总毛重	31）总净重	32）总尺码	33）总金额

34）备注

项目 6　制作出境货物报检单和办理报检

技能训练目标

知识目标

熟悉报检流程，了解商品检验检疫基础知识。

能力目标

能读懂 L/C 条款和/或外贸合同条款，能根据 L/C 条款和/或外贸合同条款准确填制出境货物报检单。

技能训练内容

1．商品检验检疫基础知识。

2．进出口报检流程。

3．出境货物报检单的填制。

技能训练练习题

一、选择题（第 1～5 题单选，第 6 题多选）

1．下列无资格签发检验证书的机构是（　　）。

A．CIQ　　B．CCIC　　C．SGS　　D．CCPIT

2．一般出口商品报检最迟应于报关或装运出口前（　　）向商检机构提出申请。

A．6 天　　B．10 天　　C．7 天　　D．20 天

3．下列（　　）不属于出口国检验检疫机构出具的检验证书。

A．原产地证明书　　B．船舱检验证书　　C．熏蒸检验证书　　D．客检证

4．关于商品检验时间和地点的规定，我国进出口业务中使用较多的是（　　）。

A．离岸品质、离岸重量　　B．到岸品质、到岸重量

C．出口国装运港检验、进口国目的港复验　　D．离岸重量、到岸品质

5．我国某公司与新加坡一家公司以 CIF 新加坡为条件出口一批土特产品，订约时，我国公司已经知道该批货物要转销美国。该货物到新加坡后，立即转运美国。其后新加坡的买主凭

美国商检机构签发的在美国检验的证明书，向我国提出索赔。问，美国的检验证书是否有效？（　　）

A．无效，应要求新加坡商检机构出具证明

B．有效

C．无效，应由合理第三国商检机构出具证明

D．其他

6．通常情况下，下列属于出口报检时应提供的单证有（　　）。

A．《出境货物报检单》　　B．出口合同或订单

C．提单　　D．商业发票、装箱单、信用证复印件

E．厂检单原件

二、判断题（对的打“√”，错的打“×”）

1．在国际贸易中，对所有的进出口货物都必须进行检验并出具证书。（　　）

2．电子报检是指报检人使用报检软件通过检验检疫电子业务服务平台将报检数据以电子方式传输给检验检疫机构，经检验检疫业务管理系统和检务人员处理后，将受理报检信息反馈报检人，实现远程办理出入境检验检疫报检的行为。（　　）

3．对于需要法定商检的商品，必须在报关前完成商检手续。（　　）

4．检验检疫证书是卖方向银行结算货款的单据之一。（　　）

5．官方检验机构是指由国家或地方政府投资，按照国家有关法律法规对出入境商品实施强制性检验检疫和监督管理的机构。（　　）

6．根据各国法律和有关公约的规定，买方对货物具有强制性的检验权。（　　）

7．不属于法定检验范围的进出口商品，不需要检验，不涉及商品检验检疫机构。（　　）

三、实训操作题

（一）实训资料

SEQUENCE OF TOTAL	*	27	1 / 1
FORM OF DOC. CREDIT	*	40A	IRREVOCABLE
DOC. CREDIT NUMBER	*	20	0011LC123756
DATE OF ISSUE		31C	170320
DATE/PLACE EXP.	*	31D	DATE 170505 PLACE CHINA
APPLICANT	*	50	NEO GENERAL TRADING CO.
			P.O. BOX 99552, RIYADH 22766, KSA
BENEFICIARY	*	59	JIAXING TOMAY IMPORT&EXPORT CO.,LTD.
			NO.199 XIUYUAN ROAD, JIAXING CITY,ZHEJIANG ,CHINA
AMOUNT	*	32B	CURRENCY USD AMOUNT 13260,
AVAILABLE WITH/BY	*	41D	ANY BANK IN CHINA,
			BY NEGOTIATION
DRAFTS AT ...		42C	SIGHT
DRAWEE		42A	RJHISARI

		*ALRAJHI BANKING AND INVESTMENT *CORPORATION *RIYADH *(HEAD OFFICE)
PARTIAL SHIPMENTS	43P	NOT ALLOWED
TRANSSHIPMENT	43T	NOT ALLOWED
LOADING ON BRD	44A	CHINA MAIN PORT, CHINA
FOR TRANSPORTS TO	44B	DAMMAM PORT, SAUDI ARABIA
LATEST SHIPMENT	44C	170430
GOODS DESCRIPT.	45A	
		ABOUT 1 700 CARTONS CANNED MUSHROOM PIECES & STEMS 24 TINS × 227 GRAMS NET WEIGHT (G.W. 425 GRAMS) AT USD7.80 PER CARTON. CFR DAMMAM PORT, SAUDI ARABIA. ROSE BRAND.
DOCS REQUIRED	46A	
		DOCUMENTS REQUIRED: + SIGNED COMMERCIAL INVOICE IN TRIPLICATE ORIGINAL AND MUST SHOW BREAK DOWN OF THE AMOUNT AS FOLLOWS: FOB VALUE, FREIGHT CHARGES AND TOTAL AMOUNT C AND F. + FULL SET CLEAN ON BOARD BILL OF LADING MADE OUT TO THE ORDER OF AL RAJHI BANKING AND INVESTMENT CORP, MARKED FREIGHT PREPAID AND NOTIFY APPLICANT, INDICATING THE FULL NAME, ADDRESS AND TEL NO. OF THE CARRYING VESSEL'S AGENT AT THE PORT OF DISCHARGE. + PACKING LIST IN ONE ORIGINAL PLUS 5 COPIES, ALL OF WHICH MUST BE MANUALLY SIGNED. + INSPECTION (HEALTH) CERTIFICATE FROM C.I.Q. (ENTRY-EXIT INSPECTION AND QUARANTINE OF THE PEOPLES REP. OF CHINA) STATING GOODS ARE FIT FOR HUMAN BEING. + CERTIFICATE OF ORIGIN DULY CERTIFIED BY C.C.P.I.T. STATING THE NAME OF THE MANUFACTURERS OF PRODUCERS AND THAT GOODS EXPORTED ARE WHOLLY OF CHINESE ORIGIN. + THE PRODUCTION DATE OF THE GOODS NOT TO BE EARLIER THAN HALF MONTH AT TIME OF SHIPMENT. BENEFICIARY MUST CERTIFY THE SAME. + SHIPMENT TO BE EFFECTED BY CONTAINER AND BY REGULARE LINE. SHIPMENT COMPANY'S CERTIFICATE TO THIS EFFECT SHOULD ACCOMPANY THE DOCUMENTS.
DD. CONDITIONS	47A	

			ADDITIONAL CONDITION: +A DISCREPANCY FEE OF USD50.00 WILL BE IMPOSED ON EACH SET OF DOCUMENTS PRESENTED FOR NEGOTIATION UNDER THIS L/C WITH DISCREPANCY. THE FEE WILL BE DEDUCTED FROM THE BILL AMOUNT. PAYMENT UNDER THE GOODS WERE APPROVED BY SAUDI GOVERNMENT LAB. + MORE OR LESS 10 PCT OF CREDIT AMOUNT IS ALLOWED.
CHARGES		71B	ALL CHARGES AND COMMISSIONS OUTSIDE KSA ON BENEFICIARIES' ACCOUNT INCLUDING REIMBURSING, BANK COMMISSION, DISCREPANCY FEE (IF ANY) AND COURIER CHARGES.
CONFIRMAT INSTR	*	49	WITHOUT

其他相关资料

1. 嘉兴市拓美进出口有限公司委托徐州盛通食品厂报检，公司资料如下。

嘉兴市拓美进出口有限公司资料如下。

地址：浙江省嘉兴市秀园路 199 号　　邮编：314000

法人代表：吴荣林　　业务联系人：陈琳

联系电话：0573-83388784　　企业性质：私营有限责任公司

徐州盛通食品厂资料如下。

徐州盛通食品厂（报检单位登记号：4545784521）

地址：徐州市和平路 15 号　　邮编：221009

法人代表：李军　　业务联系人：孙敏健

联系电话：0516-3402323　　企业性质：私营有限责任公司

2. 嘉兴市拓美进出口有限公司规定报检委托书只在当月有效。

CANNED MUSHROOM SPIECES & STEMS （蘑菇罐头）的海关编码为 2006.1011

（二）操作要求

根据上述资料填制出境货物报检单。

中华人民共和国出入境检验检疫

出境货物报检单

报检单位 （加盖公章）：　　　　* 编　　号

单位地址

报检单位登记号：　　联系人：　　电话：　　报检日期：2017 年 4 月 18 日

发货人	（中文）				
	（外文）				
收货人	（中文）				
	（外文）				
货物名称（中/外文）	H.S.编码	产地	数/重量	货物总值	包装种类及数量

续表

运输工具名称号码		贸易方式		货物存放地点	
合同号		信用证号		用途	
发货日期		输往国家（地区）		许可证/审批号	
起运地		到达口岸		预计工作日期	

合同、信用证订立的检验检疫条款或特殊要求	标 记 及 号 码	随附单据（画“✓”或补填）	
		（ ）合同	（ ）包装性能结果单
		（ ）信用证	（ ）许可/审批文件
		（ ）发票	（ ）出口货物报关单
		（ ）换证凭单	
		（ ）装箱单	
		（ ）厂检单	

需要证单名称（画“✓”或补填）		*检验检疫费	
（ ）品质证书 __正__副	（ ）植物检疫证书 __正__副	总金额（人民币元）	
（ ）重量证书 __正__副	（ ）熏蒸/消毒证书 __正__副		
（ ）数量证书 __正__副	（ ）出境货物换证凭单 __正__副	计费人	
（ ）兽医卫生证书 __正__副		收费人	
（ ）健康证书 __正__副			
（ ）卫生证书 __正__副			
（ ）动物卫生证书 __正__副			

报检人郑重声明：	领 取 证 单	
1. 本人被授权报检。	日期	
2. 上列填写内容正确属实，货物无伪造或冒用他人的厂名、标志、认证标志，并承担货物质量责任。	签名	
签名：____________		

注：有“*”号栏由出入境检验检疫机关填写

◆国家出入境检验检疫局制

[1-2 (2000.1.1)]

项目 7　制作和申领原产地证

技能训练目标

知识目标

熟悉原产地证的基础知识和办理流程。

能力目标

能制作和办理一般原产地证；能制作和办理普惠制原产地证。

技能训练内容

1．原产地证的含义、作用和种类。

2．一般原产地证的内容和填制要点。

3．普惠制原产地证的内容和填制要点。

技能训练练习题

一、单项选择题

1．一般原产地检验证书的作用是（　　）。

A．进口方可据以享受免税或低关税待遇

B．出口方可据以享受免税或低关税待遇

C．使进口方掌握其真实的生产厂家

D．可使给予我国普惠制待遇的国家的进口方据以享受进口免税或低进口关税的待遇

2．G.S.P Form A 是（　　）。

A．品质证明书　　　　B．普惠制原产地证明书

C．重量证明书　　　　D．动植物检疫证明书

3．普惠制原产地证中的 Origin criterion（原产地标准）一栏，应根据货物原料进口成分的比例填制，“P”表示（　　）。

A．含进口成分　　　　B．无进口成分

C．进口成分要在 40%以下　　　　D．进口成分要在 20%以下

4．《普惠制原产地证明书》（FORM A）中的原产地标准栏目，如果出口商品为完全原产品，不含有任何进口成分，出口到所有给惠国，正确填写代码是（　　）。

A. “P” B. “F” C. “Y” D. “W”

5. 下列不属于普惠制原产地规则的是（　　）。

A. 原产地标准 B. 直接运输规则 C. 书面证明 D. 单边优惠规则

6. 区域性优惠原产地证（Form B、Form E、Form F 等）的出具机构是（　　）。

A. 出入境检验检疫局 B. 商会

C. 贸促会 D. 行业公会

7. CEPA 原产地证书是指（　　）。

A. 中国—东盟自贸区优惠原产地证书

B. 中国—巴基斯坦自贸区原产地证书

C. 中国—智利自贸区原产地证书

D. 大陆—港澳更紧密经贸关系原产地证书

8. 下列哪种检验检疫证书可以作为进口国通关、享受减免关税待遇的凭证（　　）。

A. 兽医检验证书 B. 卫生/健康检验证书

C. 消毒检验证书 D. 原产地证明书

9. 我国某进出口公司从香港购进一批 SONY 牌电视机，该电视机为日本品牌，其中显像管由韩国生产，集成电路板由新加坡生产，其他零件均由马来西亚生产，最后由韩国组装成整机。该公司向海关申报进口该电视机时，原产地应填报为（　　）。

A. 日本 B. 韩国 C. 新加坡 D. 马来西亚

10. 信用证规定“Certificate of origin G. S. P. Form A in duplicate”，根据要求，该原产地证的签发机构是（　　）。

A. 贸促会（商会） B. 出境地海关

C. 生产地公证处 D. 出入境检验检疫局

11. 在出口业务中，国外客户往往要我国出口商提供 GSP Form A 产地证。在我国这种证书的签发机构是（　　）。

A. 商会 B. 行业公会

C. 贸促会 D. 出入境检验检疫局

12. 目前出口到（　　）或从这些国家进口的货物，如果进口商向进口国海关出示 FORM E，即可享受关税减免。

A. 孟加拉、印度 B. 日本、韩国 C. 越南、斯里兰卡 D. 缅甸、老挝

13. 目前出口到（　　）或从这些国家进口的货物，如果进口商向进口国海关出示 FORM B，即可享受关税减免。

A. 越南、斯里兰卡 B. 日本、韩国 C. 缅甸、老挝 D. 孟加拉、印度

14. 根据《URC 522》的分类，（　　）不属于进口方要求说明货物及相关情况的单据。

A. 装箱单或重量单 B. 装运通知 C. 原产地证明书 D. 寄单或寄样证明

二、多项选择题

1. 下列属于区域性经济集团互惠原产地证书的有（　　）。

A. FORM E B. FORM B C. FORM P D. FORM F

E. FORM N

2．如果信用证中没有特别规定，原产地证书可以由（　　）出具。

A．商检局　　B．贸促会　　C．生产企业　　D．出口企业

三、判断题（对的打“√”，错的打“×”）

1．原产地证明必须显示发货人或出口商的名称。（　　）

2．普惠制原产地证书 Form A 是证明有关商品原产地为该受惠国的专门证件，是海关凭以减免关税的证件。在这个意义上说，它是有价值的。（　　）

3．产地证的签发日期不得早于发票日期和申领日期，而应早于货物的装运日期。（　　）

4．不使用海关发票或领事发票的国家，通常要求出口商提供原产地证明书，以确定对货物征税的税率。（　　）

5. 凡国外进口商要求我方提供一般原产地证的，我方既可向 CIQ 申请出证，也可向 CCPIT 申请出证。（　　）

四、实训操作题

（一）实训资料

1．信用证

FORM OF DOC.CREDIT *40 A : IRREVOCABLE

DOC.CREDIT NUMBER *20 : LC1701-FTC-930

DATE OF ISSUE 31C: 171012

EXPIRY *31 D: Date 17.12.15 Place CHINA

APPLICANT *50: JAMES BROWN INC.
NO.304 FILAMENT STREET
MONTREAL, CANADA

APPLICANT BANK 51D: THE ROYAL BANK OF CANADA, MONTREAL

BENEFICIARY *59: JIAXING TOMAY IMPORT&EXPORT CO.,LTD.
NO.199 XIUYUAN ROAD,
JIAXING CITY,ZHEJIANG, CHINA

AMOUNT *32B: USD 21892.00

POS./NEG.TOL. (%) 39A: 5/5

AVAILABLE WITH/BY *41D: ANY BANK
BY NEGOTIATION

DRAFTS AT… 42C: DRAFTS AT 30 DAYS AFTER SIGHT
FOR FULL INVOICE VALUE

DRAWEE 42A: ROBOMCANA
*THE ROYAL BANK OF CANADA
*COMMERCIAL SERVICE
*MONTREAL

PARTIAL SHIPMENTS 43P: ALLOWED

TRANSSHIPMENT 43T: ALLOWED

PORT OF LOADING 44E: SHANGHAI / NINGBO CHINA

PORT OF DISCHARGE 44F: MONTREAL CANADA

LATEST DATE OF SHIP.44C: 171130

DESCRIPTION OF GOODS 45A: HAND TOOLS FOB SHANGHAI / NINGBO

PACKING IN STRONG SEA-WORTHY CASES

AS PER PURCHASE ORDER NO JBI08678 DATED 17.10.10

DOCUMENTS REQUIRED 46A:

+ FULL SET OF CLEAN ON BOARD OCEAN BILLS OF LADING MADE OUT TO ORDER OF THE ISSUING BANK AND MARKED FREIGHT COLLECT NOTIFY APPLICANT

+ SIGNED COMMERCIAL INVOICE IN TRIPLICATE

+ PACKING LIST IN TRIPLICATE

+ G S P CERTIFICATE OF ORIGIN FORM A

+ BENEFICIARY'S CERTIFICATE STATING THAT ONE SET OF N/N SHIPPING DOCUMENTS HAS BEEN SENT TO THE APPLICANT DIRECTLY IMMEDIATELY AFTER SHIPMENT

+ CERTIFICATE OF QUALITY ISSUED BY CIQ

ADDITIONAL CONDITIONS. 47A:

1. INSURANCE TO BE EFFECTED BY BUYER
2. TELEGRAPHIC REIMBURSENMENT CLAIM PROHIBITED
3. AMOUNT 5 PCT MORE OR LESS ALLOWED

ADVISED THROUGH 57A: BANK OF CHINA, HANGZHOU BRANCH

DETAILS OF CHARGES 71B: ALL BANKING CHARGES OUTSIDE CANADA ARE FOR ACCOUNT OF BENEFICIARY

2. 其他相关资料

发票号码：17HT1107　　发票日期：2017 年 11 月 07 日

提单号码：GSOK12089　　提单日期：2017 年 11 月 20 日

船名：APL CROWN V. 097E　　装运港：上海港

箱号：APLU 156758　　封号：853410

合同号：HTE120930　　产地证号码：17NB38992

货物完全国产，不含进口成分，产品具体名称及包装细节：

(1)9PC EXTRA LONG KEY SET, G/W 20KGS/CASE, N/W 18KGS/ CASE,
PACKED IN 1 CASE OF 20 SETS EACH,TOTAL 1 200 SETS, USD1.76/SET;

(2)8PC DOUBLE OFFSET RING SPANNER, G/W 20KGS/CASE, N/W 18KGS/CASE,
PACKED IN 1 CASE OF 20 SETS EACH, TOTAL 1 200 SETS, USD3.10/SET;

(3)12PC DOUBLE OFFSET RING SPANNER, G/W 19KGS/CASE, N/W 17KGS/CASE,
PACKED IN 1 CASE OF 16 SETS EACH, TOTAL 800 SETS, USD7.50/SET;

(4)12PC COMBINATION SPANNER, G/W 19KGS/CASE, W/N 17KGS/CASE,
PACKED IN 1 CASE OF 16 SETS EACH, TOTAL 1 200 SETS, USD3.55/SET;

(5)10PC COMBINATION SPANNER, G/W 18KGS/CASE, N/W 16KGS/CASE,

PACKED IN 1 CASE OF 20 SETS EACH, TOTAL 1 000 SETS, USD5.80/SET。

8 件套和 9 件套外箱尺码：60 厘米×30 厘米×40 厘米，共计 120 木箱；10 件套外箱尺码：50 厘米×40 厘米×40 厘米，共计 50 木箱；12 件套外箱尺码：60 厘米×40 厘米×40 厘米，共计 125 木箱。

议付银行：中国银行嘉兴分行

唛头：

JAMES

JBI12678

MONTREAL

NOS.1-295

（二）操作要求

根据上述信用证及相关资料制作普惠制原产地证。

<table>
<tr><td colspan="3">1. Goods consigned from (Exporter's business name address country)
(2)</td><td colspan="3" rowspan="2">Reference No. （1）
GENERALIZED SYSTEM OF PREFERENCES
CERTIFICATE OF ORIGIN
(Combined declaration and certificate)
FORM A
issued in THE PEOPLE'S REPUBLIC OF CHINA
(country)</td></tr>
<tr><td colspan="3">2. Goods consigned to (Consignee's name, address, country)
(3)</td></tr>
<tr><td colspan="3">3. Means of transport and route
(4)</td><td colspan="3">4. For official use</td></tr>
<tr><td>5. item number</td><td>6. Marks & Nos of packages
(5)</td><td>7. Number of kind of packages; Description of goods
(6)</td><td>8. Origin criterion
(7)</td><td>9. Gross weight & other Quantity
(8)</td><td>10. Number and date of Invoice
(9)</td></tr>
</table>

续表

11. Certification	12. Declaration by the exporter
It is hereby certified, on the basis of control carried out, that the declaration by the exporter is correct. 浙江省 出入境商品 检验检疫局 （章） 程芳（手签） JIAXING 13 NOV., 2017 Place and date, signature and stamp of certifying authority	The undersigned hereby declares that the above details and statements are correct; that all goods were produced in CHINA (Country) and that they comply with the origin requirements specified for those goods in the **Generalized System of Preferences** for goods exported to (10) (importing country) 嘉兴市拓美进出口有限公司（章） **JIAXING TOMAY** **IMPORT&EXPORT CO.,LTD.** 吴荣林（手签） JIAXING 10 NOV., 2017 Place and date, signature of authorized signatory

项目 8　制作出口货物报关单和办理报关

技能训练目标

知识目标

熟悉报关单的种类和用途，了解报关所需单证、报关流程等报关基础知识。

能力目标

能熟练运用海关手册寻找海关代码，能准确缮制报关单及其他随附单据。

技能训练内容

1．报关的期限、流程和单位。

2．报关单的填制。

技能训练练习题

一、单项选择题

1．出口人得到托运确认后，应填制（　　）连同发票等相关单据向海关申报出口货物。

A．汇票　　B．入境货物报检单

C．出口货物报关单　　D．装货单

2．根据《中华人民共和国海关法》，进口货物的收货人向海关申报的时限是（　　）。

A．自运输工具申报进境之日起 7 日内

B．自运输工具申报进境之日起 10 日内

C．自运输工具申报进境之日起 14 日内

D．自运输工具申报进境之日起 15 日内

3．海关对法定检验的进口货物凭出入境检验检疫机构签发的（　　）办理海关通关手续。

A．进口许可证　　B．进口货物报关单

C．查验通知　　D．入境货物通关单

4．凡属法定检验的进口货物到达后，海关凭（　　）印章验放。

A．检验检疫机构在进口报关单上加盖“已接受登记”

B．卖方在进口报关单上加盖“已接受登记”

C．买方在进口报关单上加盖“已接受登记”

D．船方在进口报关单上加盖“已接受登记”

5．德国某公司受联合国世界卫生组织委托，将数台德国产医疗设备运至我国。我国在进口报关单起运国和原产国栏目分别填报（　　）。

A．联合国，德国　　B．德国，德国

C．德国，联合国　　D．联合国，联合国

6．出口报关单上对于“200 美元”的运费单价填报正确的是（　　）。

A．110/200/1　　B．303/200/3　　C．502/200/2　　D．502/200/3

7．下列各种单证中，不属于申报人办理出口报关必备单证的是（　　）。

A．发票　　B．箱单　　C．装货单　　D．原产地证

8．海关发票的抬头一般应该是（　　）。

A．开证申请人　　B．受益人　　C．进口国海关　　D．进口地的收货人

9．我国某进出口公司进口加拿大小麦 500 吨（散装），该批小麦分装在一条船的三个船舱内，进口货物报关单上的“件数”和“包装种类”两项正确的填报应是（　　）。

A．1，船舶　　B．1，散装　　C．3，船舱　　D．500，吨

10．根据海关规定，进口报关单上的货物进口日期是指（　　）。

A．运载进口货物的运输工具申报进境的日期

B．货物被准予放行的日期

C．货物进入海关监管仓库的日期

D．收货人向海关申报的日期

11．根据我国《海关法》的规定，进口货物的报关期限为自运输工具申报进境之日起（　　）之内，进口货物的收货人或其代理人逾期申报的，由海关征收滞报金，滞报金的日征收额为进口货物完税价的（　　）。

A．15 天/0.5‰　　B．14 天/0.5‰　　C．15 天/0.5%　　D．14 天/0.5%

二、多项选择题

1．报关程序按时间先后分为 3 个阶段：前期阶段、进出境阶段、后续阶段。其中对进出口货物的收发货人而言，在进出境阶段包括（　　）等环节。

A．进出口申报　　B．缴纳税费　　C．备案、销案　　D．配合查验

2．目前出口商自理报关时，出口货物报关所需单证通常包括（　　）。

A．进出口货物代理报关委托书　　B．出口报关单

C．出境货物通关单　　D．商业发票、装箱单

E．出口收汇核销单

3．下面关于海关发票的描述中，正确的是（　　）。

A．由出口商填写

B．由进口商填写

C．是出口人向出口地海关报关时提供的单据

D．是进口人向进口地海关报关时提供的单据

E．是进口地海关进行估价定税，征收差别关税或反倾销税的依据

4．进出口报关时不必在报关单随附单据栏目中填写的必备的随附单证有（　　）。

A．商业发票　　B．通关单　　C．装箱单　　D．许可证

三、判断题（对的打“√”，错的打“×”）

1．办理进出口货物的海关申报手续，可以选择纸质报关单或电子数据报关单的形式，两种形式的报关单具有同等的法律效力。（　　）

2. 进口货物的收货人或其代理人应当自载运该货的运输工具申报进境之日起 14 天内向海关办理进口货物的通关申报手续。（　　）

3．海关的基本任务是监管进出境的运输工具、货物、物品，征收税费、查缉走私和编辑海关统计。（　　）

4．进出口货物收发货人、报关行、国际货运代理公司都可作为报关单位。（　　）

5．被列入《法检目录》的商品，经出境地检验检疫机构实施检验检疫合格后，检验检疫机构签发了《出境货物通关单》，在此情况下，海关可免于查验，直接放行。（　　）

6．海关发票是根据某些进口国海关特定的格式，由出口人填制，供进口人凭以向进口国海关报关时用的一种特别的发票。各国的海关发票可以相互替代。（　　）

7．某仪器出口公司从日本购得分属 3 个合同的同样规格、不同数量的精密仪器，并同一船同时运达。这些货物品种单一且数量不大，申报时可用一份进口货物报关单，真实、齐全地向海关填报。（　　）

四、实训操作题

（一）实训资料

1．合同

销售合同

SALES CONTRACT

卖方	JIAXING TOMAY IMPORT&EXPORT CO.,LTD.	编号 NO.:	F01LCB05127
SELLER:	NO.199 XIUYUAN ROAD,	日期 DATE:	DEC.26, 2016
	JIAXING CITY,ZHEJIANG ,CHINA	地点 SIGNED IN:	JIAXING, CHINA
买方	FASHION FORCE CO., LTD		
BUYER:	P.O.BOX 8935 NEW TERMINAL, ALTA,		
	VISTA OTTAWA, CANADA		

买卖双方同意以下条款达成交易：

This contract is made by and agreed between the BUYER and SELLER , in accordance with the terms and conditions stipulated below.

1. 商品号	2. 品名及规格	3. 数量	4. 单价及价格条款	5. 金额
Art No.	Commodity & Specification	Quantity	Unit Price & Trade Terms	Amount
				CIF MONTREAL, CANADA
46-301A	LADIES COTTON BLAZER (100% COTTON, 40SX20/140X60)	2 550PCS	USD12.80	USD32 640.00
		Total	**USD12.80**	**USD32 640.00**

允许 3% 溢短装，由卖方决定

With 3% More or less of shipment allowed at the sellers' option

6. 总值 USD THIRTY TWO THOUSAND SIX HUNDRED AND FORTY ONLY.

Total Value

7. 包装 CARTON

Packing

8. 唛头 FASHION FORCE

Shipping Marks F01LCB05127

CTN NO.

MONTREAL

MADE IN CHINA

9. 装运期及运输方式 NOT LATER THAN MAR.25, 2017 BY VESSEL

Time of Shipment & means of Transportation

10. 装运港及目的地 FROM : SHANGHAI

Port of Loading & Destination TO : MONTREAL

11. 保险 FOR 110% CIF INVOICE VALUE COVERING ALL RISKS, INSTITUTE CARGO CLAUSES,

Insurance INSTITUTE STRIKES, INSTITUTE WAR CLAUSES AND CIVIL COMMOTIONS CLAUSES.

12. 付款方式 BY IRREVOCABLE LETTER OF CREDIT TO BE OPENED BY FULL AMOUNT OF S/C,

Terms of Payment PAYMENT AT SIGHT DOCUMENT TO BE PRESENTED WITHIN 21 DAYS AFTER DATE OF B/L AT BENEFICIARY'S ACCOUNT.

13. 备注 1. PARTIAL SHIPMENTS: NOT ALLOWED.

Remarks 2. TRANSSHIPMENT: ALLOWED.

The Buyer	**The Seller**
FASHION FORCE CO., LTD	JIAXING TOMAY IMPORT&EXPORT CO.,LTD.

2．商业发票

ISSUER JIAXING TOMAY IMPORT&EXPORT CO.,LTD NO.199 XIUYUAN ROAD, JIAXING CITY,ZHEJIANG ,CHINA		商业发票 COMMERCIAL INVOICE		
TO FASHION FORCE CO., LTD P.O.BOX 8935 NEW TERMINAL, ALTA, VISTA OTTAWA, CANADA		**NO.** NT01FF004		**DATE** MAR.9, 2017
TRANSPORT DETAILS SHIPMENT FROM SHANGHAI TO MONTREAL BY VESSEL		**S/C NO.** F01LCB05127		**L/C NO.** 63211020049
		TERMS OF PAYMENT L/C AT SIGHT		
Marks and Numbers	**Number and kind of package** **Description of goods**	**Quantity**	**Unit Price** **USD**	**Amount**
	CIF MONTREAL, CANADA			
FASHION FORCE F01LCB05127 CTN NO. MONTREAL MADE IN CHINA	LADIES COTTON BLAZER (100% COTTON, 40SX20/140X60)	2 550PCS	USD12.80	USD32 640.00
	Total:	2 550PCS		USD32 640.00

SAY TOTAL: USD THIRTY TWO THOUSAND SIX HUNDRED AND FORTY ONLY

SALES CONDITIONS: CIF MONTREAL/CANADA

SALES CONTRACT NO. F01LCB05127

LADIES COTTON BLAZER (100% COTTON, 40SX20/140X60)

STYLE NO.	PO NO.	QTY/PCS	USD/PC
46-301A	10337	2 550	12.80

嘉兴市拓美进出口有限公司

JIAXING TOMAY IMPORT&EXPORT CO.,LTD

吴荣林（章）

3．装箱单

嘉兴市拓美进出口有限公司

JIAXING TOMAY IMPORT&EXPORT CO.,LTD.

PACKING LIST

INVOICE NO.: NT01FF004

INVOICE DATE: 2017-03-09

S/C NO.: F01LCB05127

S/C DATE: 2016-12-26

TO: FASHION FORCE CO., LTD
P.O.BOX 8935 NEW TERMINAL, ALTA,
VISTA OTTAWA, CANADA

FROM: SHANGHAI　　TO: MONTREAL

Letter of Credit No.: 63211020049　　Date of Shipment: 2017-03-20

CTN NO	CTNS	DESIGNS/ COLORS	STYLE NO	SIZE ASSORTMENT PER CARTON						PCS /CNT	TOTAL PCS /CNTS	G.W. /CTN	N.W. /CTN	MEAS. /CTN	CBM /CTN
				10	12	14	16	18	20						
1-18	18	BLACK	46-301A	14						14	252	15	10	97×72×12	0.084
19-56	38	BLACK			14					14	532	15	10	97×72×12	0.084
57-106	50	BLACK				13				13	650	15	10	98×76×12	0.089
107-149	43	BLACK					12			12	516	15	10	98×76×12	0.089
150-174	25	BLACK						12		12	300	15	10	99×80×11	0.087
175-193	19	BLACK							12	12	228	15	10	99×80×11	0.087
194	1	WHITE		11						11	11	15	10	97×72×12	0.084
195	1	WHITE			9	3				12	12	15	10	97×72×12	0.084
196	1	WHITE				13				13	13	15	10	98×76×12	0.089
197	1	WHITE				3	9			12	12	15	10	98×76×12	0.089
198-200	3	WHITE						4		4	12	15	10	99×80×11	0.087
201	1	WHITE						2	10	12	12	15	10	99×80×11	0.087
TOTAL	201										2550	3015	2010		17.51

SHIPPING MARKS:
FASHION FORCE
F01LCB05127
CTN NO.
MONTREAL
MADE IN CHINA
SALES CONDITIONS: CIF MONTREAL/CANADA
SALES CONTRACT NO. F01LCB05127
LADIES COTTON BLAZER (100% COTTON, 40SX20/140X60)

STYLE NO.	PO NO.	QTY/PCS	USD/PC
46-301A	10337	2 550	12.80

4．出境货物换证凭单

中华人民共和国出入境检验检疫
出境货物换证凭单

类别：　口岸申报换证　　　　　　　　　　　　　　编号：　320100202007610

<table>
<tr><td>发货人</td><td colspan="2">嘉兴市拓美进出口有限公司</td><td rowspan="7">标记及号码
FASHION FORCE
F01LCB05127
CTN NO.
MONTREAL
MADE IN CHINA</td></tr>
<tr><td>收货人</td><td colspan="2">×××</td></tr>
<tr><td>品名</td><td colspan="2">女式全棉上衣</td></tr>
<tr><td>H.S. 编码</td><td colspan="2">62043200.90</td></tr>
<tr><td>报检数/重量</td><td colspan="2">-2 550 件-</td></tr>
<tr><td>包装种类及数量</td><td colspan="2">纸箱-201-</td></tr>
<tr><td>申报总值</td><td colspan="2">-32 640-美元</td></tr>
<tr><td>产地</td><td>浙江省嘉兴市</td><td>生产单位(注册号)</td><td>无锡季节制衣有限公司</td></tr>
<tr><td>生产日期</td><td>2016 年 12 月</td><td>生产批号</td><td>3201FZ21802003</td></tr>
<tr><td rowspan="2">包装性能
检验结果单号</td><td rowspan="2">340400301000200</td><td>合同/信用证号</td><td>F01LCB05127/63211020049</td></tr>
<tr><td>运输工具名称及号码</td><td>×××</td></tr>
<tr><td>输往国家或地区</td><td>加拿大</td><td>集装箱规格及数量</td><td>××××××</td></tr>
<tr><td>发货日期</td><td>2017.03</td><td>检验依据</td><td>SN/T0557-1996 及合同</td></tr>
<tr><td>检验检疫结果</td><td colspan="3">本批货物共 201 箱 2 550 件，经按 SN/T0557-1996 标准的要求，随机抽取代表性样品 8 箱 101 件，根据上述检验依据进行检验，结果如下。
款号：46-301A
色号：黑色、白色
规格：10-12-14-16-18
上述货物经检验，符合检验依据要求。

（出入境检验检疫局检验检疫专用章）

签字：王天皓　　　　　　　　日期：2017 年 3 月 13 日</td></tr>
<tr><td>本单有效期</td><td colspan="3">截止于 2017 年 3 月 12 日</td></tr>
<tr><td>备注</td><td colspan="3">产地标志查验符合规定</td></tr>
</table>

<table>
<tr><td rowspan="5">分批出境核销栏</td><td>日期</td><td>出境数/重量</td><td>结存数/重量</td><td>核销人</td><td>日期</td><td>出境数/重量</td><td>结存数/重量</td><td>核销人</td></tr>
<tr><td></td><td></td><td></td><td></td><td></td><td></td><td></td><td></td></tr>
<tr><td></td><td></td><td></td><td></td><td></td><td></td><td></td><td></td></tr>
<tr><td></td><td></td><td></td><td></td><td></td><td></td><td></td><td></td></tr>
<tr><td></td><td></td><td></td><td></td><td></td><td></td><td></td><td></td></tr>
</table>

说明：1. 货物出境时，经口岸检验检疫机关查验货证相符，且符合检验检疫要求的予以签发通关单或换发检验检疫证书；2. 本单不作为国内贸易的品质或其他证明；3. 涂改无效。

（二）操作要求

根据以上资料填制出口货物报关单。

中华人民共和国海关出口货物报关单

预录入编号：　　DS9110002　　海关编号：

出口口岸		备案号		出口日期	申报日期
经营单位		运输方式	运输工具名称		提运单号
生产销售单位		贸易方式		征免性质	结汇方式
许可证号		运抵国（地区）		起运港	境内货源地
批准文号		成交方式	运费	保费	杂费
合同协议号		件数	包装种类	毛重（千克）	净重（千克）
集装箱号		随附单据			生产厂家
标记唛码及备注					

项号	商品编号	商品名称、规格型号	数量及单位	最终目的国（地区）	单价	总价	币制	征免

税费征收情况		
录入员　　录入单位	兹声明以上申报无讹并承担法律责任	海关审单批注及放行日期（签章） 审单　　审价
报关员 单位地址　　浙江嘉兴市西安路111号 邮编　　314000　　电话　　025-4715004	申报单位（签章） 填制日期　　2017-03-09	征税　　统计 查验　　放行

项目 9　制作投保单和办理保险

技能训练目标

知识目标

熟悉国际运输保险公约、险种，熟悉《UCP600》关于保险单的条款，熟悉保险加成的运用、保险金额的计算。

能力目标

能根据信用证或外贸合同中的保险条款和货物实际出运情况填制出口货物投保单，并办理保险操作。

技能训练内容

1．ICC、CIC 等保险条款中各险种的承保责任范围。

2．保险金额和保费的计算。

3．保险单的种类。

4．根据 L/C 条款或外贸合同中的保险条款，界定投保人、投保险别、投保时间、投保起始及目的地、赔付地点。

技能训练练习题

一、单项选择题

1．我方按 CIF 条件成交一批罐头食品，卖方投保时，按下列（　　）投保是正确的。

A．平安险+水渍险　　B．一切险+偷窃提货不着险

C．水渍险+偷窃提货不着险　　D．平安险+一切险

2．“仓至仓”条款是（　　）。

A．承运人负责运输起讫的条款　　B．保险人负责保险责任起讫的条款

C．出口人负责缴获责任起讫的条款　　D．进口人负责付款责任起讫的条款

3．FOB/CIF 术语下，办理保险者应为（　　）。

A．买方/买方　　B．卖方/买方　　C．买方/卖方　　D．卖方/卖方

4．FCA/CIP 术语下，办理保险者应为（　　）。

A．买方/买方　　B．卖方/买方　　C．买方/卖方　　D．卖方/卖方

5．根据国际惯例，保险金额的计算公式为（　　）。

A．CIFC5×110%　　B．FOB 价×110%　　C．CIF 价×110%　　D．CFR 价×110%

6．信用证规定：All documents should indicate the shipping marks，所以出口公司在提交给银行议付的保险单上的唛头应该填写（　　）。

A．既可以填写实际唛头也可以填写 AS PER INV. NO. ×××

B．AS PER S/C NO. ×××

C．AS PER INV. NO. ×××

D．实际唛头

7．从承保责任范围来看，ICC（A）大致对应（　　）。

A．一切险　　B．水渍险　　C．平安险　　D．战争险

8．在国际货物保险中，不能单独投保的险别是（　　）。

A．平安险　　B．水渍险　　C．战争险　　D．一切险

9．某货轮在航行途中，A 舱触礁入水，船长误以为危及 B 舱货物，命令对两舱同时施救，A 舱货物为东北大米，全部被海水浸泡，完全损失；B 舱货物为棉织被单，全部遭受抛货。则（　　）。

A．A 舱、B 舱货物都属于单独海损

B．A 舱、B 舱货物都属于共同海损

C．A 舱货物属于共同海损，B 舱货物属于单独海损

D．A 舱货物属于单独海损，B 舱货物属于共同海损

10．信用证中规定“COVERING RISKS AS PRE ‘INSTITUTE CARGO CLAUSES(A)’, INCLUDING WAREHOUSE TO WAREHOUSE CLAUSE”，其中的“WAREHOUSE TO WAREHOUSE CLAUSE”是指（　　）。

A．出口方负责的交货责任起讫的条款

B．承运人负责的运输责任起讫的条款

C．进口方负责的收货责任起讫的条款

D．保险人负责的保险责任起讫的条款

11．按国际保险市场惯例，投保金额通常在 CIF 总值的基础上（　　）。

A．加一成　　B．加二成　　C．加三成　　D．加四成

12．某商品单价每个 CIFC5 伦敦 3.55 英镑，数量 6 120 个，根据惯例保险金额应是（　　）。

A．22 704.00 英镑　　B．22 703.00 英镑　　C．23 899.00 英镑　　D．23 898.00 英镑

13．北京静新进出口公司以每套 100 美元 CIF 纽约向美国全钦公司出口西服 2 000 打。货物出口前，由北京静新进出口公司向中国人民保险公司投保一切险和战争险。一切险和战争险的保险费率分别为 1%和 0.3%，按发票金额 110%投保。该批货物的保险费为（　　）美元。

A．34 320　　B．2 640 000　　C．2 200　　D．32 200

14．根据 INCOTERMS 2010 的规定，采用 FOB、CFR 或 CIF 术语成交，货物在海运途中损坏灭失的风险（　　）。

A．均由卖方承担　　B．均由买方承担

C．前者由卖方承担，后者由买方承担　　D．前者由买方承担，后者由卖方承担

15．我方与外商按 CIF 条件签约成交出口货物一批，由我方投保一切险。在装运港装船时，

由于吊钩脱钩，造成数件落海。这一损失应由（　　）。

A．我方持保险单向保险人索赔

B．对方持保险单向其当地的保险代理人索赔

C．我方向船方索赔

D．我方自己承担损失

16．预约保险是指根据预约保险合同，投保人以（　　）替代投保单，保险公司负自动承保的责任。

A．大副收据　　B．买卖合同

C．海运提单　　D．国外寄来的装运通知

17．某公司以 CIF 条件出口一批货物，在广州港装上船只“DONGFENG”号运往香港，在香港装上第二程船“NATA”号后运往旧金山，该公司在保单的载运输工具栏“PER CONVEYANCE S S ）应填写为（　　）。

A．DONGFENG　　B．NATA

C．DONGFENG/NATA　　D．DONGFENG/NATA W/T HONGKONG

18．在伦敦保险协会货物保险条款（ICC 条款）的 3 种主要险别中，保险人责任最低的险别是（　　）。

A．ICC（A）　　B．ICC（B）　　C．ICC（C）　　D．以上三者皆不是

19．某公司出口大豆 100 吨，在海运途中遭受暴风雨，海水涌入舱内，致使一部分大豆发霉变质，这种损失属于（　　）。

A．实际全损　　B．推定全损　　C．共同海损　　D．单独海损

20．某外贸公司出口茶叶 5 吨，在海运途中遭受暴风雨，海水入仓内，致使一部分茶叶发霉变质 ，这种损失属于（　　）。

A．实际全损　　B．推定全损　　C．共同海损　　D．单独海损

21．发生（　　），违约方可援引不可抗力条款要求免责。

A．战争　　B．世界市场价格上涨

C．生产制作过程中的过失　　D．货币贬值

22．转让保险单时，如信用证未明确规定背书方式，应采用（　　）的方式。

A．空白背书　　B．记名背书　　C．记名指示背书　　D．不必背书

23．关于共同海损，（　　）的说法是错误的。

A．船方所采取的措施是合理的、有意的

B．一定是自然灾害造成的共同危险

C．所作的牺牲是特殊的，支出的费用是额外的

D．所作出的牺牲和支出的费用是有效果的

24．根据我国《海洋货物运输保险条款》的规定，承保范围最小的基本险别是（　　）。

A．罢工险　　B．水渍险　　C．一切险　　D．平安险

25．以 CIF 出口时，如合同和信用证无特别规定，保险单“Insured”一栏应填（　　）。

A．开证行名称　　B．开证申请人名称　　C．出口商名称　　D．进口商名称

26．某公司出口货物一批，按 CIF 价值的 110%投保了水渍险，在此基础上还可加保（　　）。

A．平安险和战争险　　B．破碎险和战争险

C．一切险和战争险　　D．平安险和渗漏险

二、多项选择题

1．共同海损分摊时，涉及的受益方包括（　　）。

A．船方　　B．救助方　　C．货方　　D．运费方

2．下列险种属于特殊附加险的是（　　）。

A．拒收险　　B．混杂玷污险　　C．舱面险　　D．渗漏险

3．中国保险条款中属于一般附加险别的有（　　）。

A．淡水、雨淋险　　B．短量险　　C．钩损险

D．黄曲霉素险　　E．拒收险

4．下列属于一般外来风险的是（　　）。

A．茶叶在运输途中串味　　B．化肥在运输途中包装破裂

C．战争、罢工等风险　　D．棉花在运输途中被雨淋

E．货物在运输途中发生破损

5．按 CIC 海运货物保险条款，自然灾害造成的部分损失在下列属于赔偿责任范围的险别是（　　）。

A．平安险　　B．水渍险　　C．一切险　　D．罢工险　　E．短量险

6．构成共同海损的条件有（　　）。

A．必须是确实遭遇危难

B．必须是自然灾害造成的损失

C．必须是有意的、合理的措施造成的损失

D．必须是为船、货共同安全而采取的措施

E．必须是属于非常性质的损失

7．构成实际全损的情况有（　　）。

A．保险标的物全部灭失　　B．保险标的物完全变质

C．保险标的物不可能归还保险人　　D．施救费用和救助费用超过保险价值

E．货物大部分损坏

8．我国对外贸易货运保险可分为（　　）。

A．海上运输保险　　B．陆上运输保险

C．航空运输保险　　D．邮包运输保险

9．某载货船只载着甲货主的 3 000 箱棉纺织品、乙货主的 50 吨大米、丙货主的 200 吨石材驶往美国洛杉矶。货轮起航的第二天不幸遭遇触礁事故，导致船底出现裂缝，海水入侵严重，使甲货主的 250 箱棉纺织品和乙货主的 5 吨大米被海水浸湿。因裂口太大，船长为解除船、货共同危险，使船舶浮起并及时修理，下令将丙货主的 50 吨石材抛入海中，船舶修复后继续航行。货轮继续航行的第三天又遭遇恶劣气候，使甲货主的另外 50 箱货物被海水浸湿，下列说法（　　）是正确的。

A．因触礁而产生的船底裂缝及甲、乙货主的货物损失属于单独海损

B．使船舶浮起并及时修理而抛入海中的丙货主损失属于共同海损

C. 因恶劣气候导致的甲货主50箱货物的损失属于单独海损

D. 本案中各货主都投保了平安险，保险公司将对以上A、B、C损失给予赔偿

E. 以上损失都由承运人承担

10. 根据伦敦保险协会制定的《协会货物条款》，以下险别能单独投保的有（　　）。

A. ICC（A）　　B. ICC（B）　　C. 战争险　　D. 恶意损害险

11. 根据《INCOTERMS2010》，必须由卖方负担保险费的术语有（　　）。

A. DAT　　B. DAP　　C. DDP　　D. CIF　　E. CIP

12. 根据《UCP600》的分类，保险单据包括（　　）。

A. 保险单　　B. 保险凭证　　C. 预约保险单　　D. 投保声明　　E. 保费收据

13. 下面货物中，属于卸离海轮保险责任即告终止的是（　　）。

A. 新鲜柑橘　　B. 新鲜苦瓜　　C. 活牛　　D. 活猪

14. 已装船提单的签发日期为7月15日，信用证规定的有效期为8月15日，交单期限为装运日后的15天，如果信用证要求卖方提交保险单，则保险单的出单日期可以为（　　）。

A. 7月30日　　B. 7月15日　　C. 7月25日　　D. 7月10日　　E. 8月15日

三、判断题（对的打"√"，错的打"×"）

1. 银行不接受出单日期迟于装船或发运或接受监管之日的保险单据。（　　）

2. 进口合同采用CIF成交时，我方必须办理投保手续。（　　）

3. 保险加成是用来弥补进口商经营管理费用或预期利润的损失的。（　　）

4. 信用证要求提供保险单时，不得以保险凭证代替。（　　）

5. CPT与CFR术语一样，卖方不必承担货物自交货地点至目的地的运输途中的风险。（　　）

6. FOB、CIF、CFR三个贸易术语在风险划分上是一样的。（　　）

7. 我国从大阪进口货物，如按FOB条件成交，需要由我方派船到大阪口岸接运货物；而按CIF条件成交，则由出口方洽租船舶将货物运往中国港口。可见，我方按FOB进口的货物运输风险比按CIF进口承担的风险大。（　　）

8. 凡我方按FOB条件成交的出口合同，在货物装船前，卖方应及时向中国人民保险公司办理投保手续。（　　）

9. 按FOB、CFR、CIF条件成交，货物在装运港上船后，风险即告转移。因此，货到目的港后买方如发现货物品质、数量、包装等与合同规定不符，卖方概不负责。（　　）

10. 出口的茶叶在装运途中最大的问题是怕串味。因此，投保货运保险时，除投保一切险之外还应加保串味险。（　　）

11. 我国进口货物一批，投保一切险，货物在海运途中部分被火焚。经查，一切险中11种附加险并无火险。对此损失保险公司不承担赔偿责任。（　　）

12. 按照中国人民保险公司现行的保险条款规定，凡已经投保了战争险，若再加保罢工险，保险公司不另行增收保险费。（　　）

13. 我方以CFR贸易术语进口，在国内投保了一切险加战争险，按合同规定收到卖方装船通知后我方才投保，保险公司的责任起讫应为"仓至仓"。（　　）

14. 保险单通常为一式两份，被保货物出险时，只要将其中一份交保险公司便可得到理赔。

(　　)

15．按国际保险市场惯例，保险单与保险凭证具有同样的法律效力。(　　)

16．按 CIF 术语出口时，我国出口商在国内投保一切险，出口商承担的风险起讫应为“仓至仓”。(　　)

17．载货船舶在运输途中搁浅，船长有意且合理地下令将部分货物抛入海中，使船舶得以继续航行至目的港。上述搁浅和抛货损失均属于共同海损。(　　)

18．运输途中部分纸箱遭雨淋受潮，里面装的服装上出现水渍，由于该批货物投保了水渍险，所以货主可向保险公司索赔。(　　)

19．投保一切险后，货物在运输途中发生自然损耗、运输延迟或市价涨落，保险公司均应该负赔偿之责。(　　)

20．海上货运保险单的转让与其他财产保险单的转让一样，必须征得保险公司的同意。(　　)

21．水渍险的责任范围除包括平安险的各项责任外，还负责被保货物由于恶劣气候、雷电、海啸、地震、洪水等自然灾害造成的部分损失。(　　)

22．在进口合同的履行中，如果货物受损是由于承运人的责任造成的，那么向承运人提出索赔的期限是货物到达目的港交货后一年之内。(　　)

23．在 CIF 条件下，卖方办理保险，在 CFR 条件下，买方办理保险，因此在货运过程中货物发生损失，前者由卖方负责，后者由买方负责。(　　)

四、实训操作题

（一）实训资料

2017 年 11 月 12 日，嘉兴市拓美进出口有限公司所订舱位已经确认，该批货物将于 11 月 25 日装上由上海港开往英国伦敦的“HAMBURG WXPRESS”轮 V.678 船次。

<table>
<tr><td colspan="3">出口货物明细单</td><td>银行编号</td><td></td><td>外运编号</td><td></td></tr>
<tr><td colspan="3">2017 年 11 月 11 日</td><td>合同号</td><td>24NT45689</td><td>许可证号</td><td></td></tr>
<tr><td colspan="2" rowspan="3">经营单位
（装船人）</td><td rowspan="3">JIAXING TOMAY IMPORT&EXPORT CO.,LTD.</td><td>发票号码</td><td colspan="3">24NT456-75</td></tr>
<tr><td>信用证号</td><td colspan="3">0377823799-668</td></tr>
<tr><td>开证日期</td><td>28-AUG-2009</td><td>收到日期</td><td></td></tr>
<tr><td rowspan="5">提单或承运收据</td><td rowspan="2">抬头人</td><td rowspan="2">TO ORDER OF NATIONAL WESTMINSTER BANK LTD. LONDON</td><td>金额</td><td>£5 000.00</td><td>收汇方式</td><td>L/C ATSIGHT</td></tr>
<tr><td>货物性质</td><td></td><td>贸易国别</td><td>U.K.</td></tr>
<tr><td rowspan="2">通知人</td><td rowspan="2">ENGLISH COUNTRY PORRERY LTD.
STATION RD, WICKWAR
WOTTON-UNDER-EDGE, LONDON LO675YE,
GREAT BRITAIN</td><td>出口口岸</td><td>SHANGHAI</td><td>目的港</td><td>LONDON</td></tr>
<tr><td>可否转运</td><td>Yes</td><td>可否分批</td><td>No</td></tr>
<tr><td>运费</td><td>FREIGHT PREPAID</td><td>装运期限</td><td>2017-11-30</td><td>有效期限</td><td>2017-12-15</td></tr>
</table>

续表

<table>
<tr><td rowspan="2">标记唛头</td><td rowspan="2" colspan="2">货名规格及货号</td><td rowspan="2">件数</td><td rowspan="2">数量</td><td>毛重</td><td>净重</td><td colspan="2">价格（成交条件）</td></tr>
<tr><td colspan="2">kg</td><td>单价</td><td>总价</td></tr>
<tr><td>E. C. P
LONDON
24NT45689</td><td colspan="2">AIR BLOWN PUC SLIPPER&
SANDAL
PT-001</td><td>220CTNS</td><td>6 600PAIRS</td><td>5 060</td><td>3 960</td><td>£5.46</td><td>£36 036</td></tr>
<tr><td>信用证
保险条款</td><td colspan="3">COVERING FOR TOTAL INVOICE VALUE PLUS 10%
AGAINST INSTITUTE CARGO CLAUSES (A) AND INSTITUTE
WAR CLAUSES(CARGO) INCLUDING W/W CLAUSES</td><td>总尺码</td><td colspan="4">19.125 立方米</td></tr>
<tr><td rowspan="5">注
意
事
项</td><td colspan="3" rowspan="5"></td><td>船名</td><td colspan="4">HAMBURG WXPRESS</td></tr>
<tr><td>航次</td><td colspan="4">V.678</td></tr>
<tr><td>提单号</td><td colspan="4">HL7867670</td></tr>
<tr><td>开航约期</td><td colspan="4">25-NOV-09</td></tr>
<tr><td>联系人/
联系电话</td><td colspan="4">冯建/65479689</td></tr>
</table>

（二）操作要求

请根据出口货物明细单相关内容于 11 月 23 日填写“投保单”，向中国人民保险公司上海分公司(THE PEOPLE’ S INSURANCE COMPANY OF CHINA SHANGHAI BRANCH)办理保险手续。

<table>
<tr><td colspan="4">海运出口货物投保单</td></tr>
<tr><td colspan="3">1）保险人</td><td>2）被保险人</td></tr>
<tr><td>3）标记</td><td>4）包装及数量</td><td>5）保险货物项目</td><td>6）保险货物金额</td></tr>
<tr><td></td><td></td><td></td><td></td></tr>
<tr><td colspan="4">7）总保险金额（大写）</td></tr>
<tr><td colspan="4">8）运输工具　　　（船名）　　　　　　（航次）</td></tr>
<tr><td colspan="4"></td></tr>
</table>

续表

9）装运港		10）目的港
11）投保险别		12）货物起运日期
13）投保日期	14）投保人签字	

项目 10　制作装运通知

技能训练目标

知识目标

了解装运通知含义及作用，熟悉装运通知的内容。

能力目标

能根据 L/C 条款和/或外贸合同条款要求及货物实际出运信息缮制装运通知。

技能训练内容

1. 装运通知的内容和格式。
2. 装运通知的缮制要点。
3. L/C 或外贸合同中装运条款阅读。

技能训练练习题

一、单项选择题

1. 信用证规定不迟于 2017 年 3 月月底装运大约 10 000 条丝巾，单价为 4 美元/条，总金额为 40 000 美元，出口商最多应装运（　　）条丝巾。

A. 11 000　　B. 10 000　　C. 10 500　　D. 9 500

2. CFR 合同下，如果卖方装船后未及时向买方发出装船通知，致使买方未能办理货运保险，则运输途中的风险由（　　）。

A. 买卖双方各承担一半　　B. 卖方承担

C. 承运人承担　　D. 买方承担

3. CFR 术语下，出口商应在（　　）通过传真、电子邮件等方式，向进口商发出装运通知。

A. 装运前　　B. 装船完毕后　　C. 交单后　　D. 收款后

4. 某公司出口货物，从宁波港发运运往美国洛杉矶，在日本神户中转。单证上“Transport details”栏目填写错误的是（　　）。

A. From Ningbo to Los Angeles via Kobe

B. From Ningbo to Los Angeles W/T at Kobe

C. From Ningbo to Los Angeles thence to Kobe

D. From Ningbo to Los Angeles with transshipment at Kobe

5. 在使用下列何种贸易术语进行交易时，卖方及时向买方发出“已装船通知”至关重要，因为它将直接影响买卖双方对运输途中的风险承担。(　　)

A. CIP　　B. DES　　C. CIF　　D. CFR

6.《联合国国际货物销售合同公约》规定卖方若短交，买方(　　)。

A. 可允许卖方在规定交货期届满前补齐，并可保留索赔权利

B. 可拒绝不合理开支

C. 不可索赔

D. 需要承担额外开支

7. 根据《1941年美国对外贸易定义修订本》的规定，“FOB Vessel New York”，卖方的交货地点应为(　　)。

A. 纽约市港口码头吊钩上　　B. 纽约市的内陆运输工具上

C. 纽约市装运港的船上　　D. 纽约市港口的码头上

8. 某公司与国外一家公司以EXW条件成交了一笔买卖，在这种情况下，其交货地点不正确的是(　　)。

A. 出口商仓库　　B. 商品产地　　C. 出口商工厂　　D. 出口国港口

9. CIF条件下交货，(　　)。

A. 装运时间与交货时间的先后次序视运输方式而定

B. 装运时间迟于交货时间

C. 装运时间与交货时间一致

D. 装运时间先于交货时间

二、判断题(对的打“√”，错的打“×”)

1.《UCP600》规定，在指定时间内分期发运，若任何一期未按规定发运，信用证对该期和以后各期均告失效。(　　)

2. 在CFR条件下，如果合同未规定卖方发送“装船通知”，卖方在规定时间内把货物装上海轮后，可以不必向买方发送“装船通知”。(　　)

3. 通常表明货物已装船的方式是在信用证规定的装运港装上具名船只加以批注，并且在提单上加盖“已装船”戳记。(　　)

4. 在FOB贸易术语成交条件下，由买方指定承运人并安排运输，因此如果合同中未规定“装船通知”条款时，卖方在装船后允许不发装运通知给买方。(　　)

5. 某公司收到客户开来信用证，规定最迟装运期为“on or about Nov. 15, 2017”，则该公司可以在2017年11月15日的前后各5天内发运货物。(　　)

6. 根据《UCP600》，如果货物在不同时间、不同装运港装上同一航次的船，只要提单注明的装运港、装运日期不同，即使目的港相同，也属于分批装运。(　　)

7. 根据《UCP600》，在表示装运期时，to、till、until、between均包括所述日期在内，而from、before、after则不包括所述日期在内。(　　)

8.“shipment during March,2017”意为卖方可在2017年3月1日至3月31日期间的任何

时间出运货物。（　　）

9．在合同规定的数量机动幅度范围内，货物多交少交，一般都由卖方决定，但有时也可由买方或承运人决定。（　　）

10．如买卖合同规定的装运条款为“Shipment during June/July in two equal lots”，这表明出口人必须在6月、7月两个月内每月各装一批，每一批数量相等。（　　）

三、实训操作题

（一）实训资料

ISSUING BANK: CYPRUS POPULAR BANK LTD, LARNAKA

ADVISING BANK: BANK OF CHINA, SHANGHAI BRANCH

SEQUENCE OF TOTAL	*27: 1/1
FORM OF DOC. CREDIT	*40A: IRREVOCABLE
DOC. CREDIT NUMBER	*20: 186/13/10014
DATE OF ISSUE	31C: 170105
EXPIRY	*31D: DATE 170228 PLACE CHINA
APPLICANT	*50: LAIKI PERAGORA ORPHANIDES LTD., 020 STRATIGOU TIMAGIA AVE., 6046, LARNAKA, CYPRUS
BENEFICIARY	*59: JIAXING TOMAY IMPORT&EXPORT CO.,LTD. NO.199 XIUYUAN ROAD, JIAXING CITY, CHINA
AMOUNT	*32B: CURRENCY USD AMOUNT 8265,00
POS. / NEG. TOL. (%)	39A: 05/05
AVAILABLE WITH/BY	*41D: BANK OF CHINA, JIAXING BRANCH
BY NEGOTIATION	
DRAFT AT …	42C: AT SIGHT FOR FULL INVOICE VALUE
DRAWEE	*42D: LIKICY2NXXX *CYPRUS POPULAR BANK LTD *LARNAKA
PARTIAL SHIPMENT	43P: ALLOWED
TRANSSHIPMENT	43T: ALLOWED
PORT OF LOADING	44E: SHANGHAI PORT
PORT OF DISCHARGE	44F: LIMASSOL PORT
LATEST DATE OF SHIP.	44C: 170213
DESCRIPT. OF GOODS	45A: WOODEN GARDEN PRODUCTS AS PER S/C NO 12SGP1201 CFR LIMASSOL PORT
DOCUMENTS REQUIRED	46A: +COMMERCIAL INVOICE IN QUADRUPLICATE ALL STAMPED AND SIGNED BY BENEFICIARY CERTIFYING

THAT THE GOODS ARE OF CHINESE ORIGIN
+FULL SET OF CLEAN ON BOARD BILL OF LADING MADE OUT TO ORDER OF SHIPPER AND BLANK ENDORSED, MARKED FREIGHT PREPAID AND NOTIFY APPLICANT
+PACKING LIST IN TRIPLICATE SHOWING PACKING DETAILS SUCH AS CARTON NO AND CONTENTS OF EACH CARTON
+CERTIFICATE STAMPED AND SIGNED BY BENEFICIARY STATING THAT THE ORIGINAL INVOICE AND PACKING LIST HAVE BEEN DISPATCHED TO THE APPLICANT BY COURIER SERVISE ONE DAY BEFORE THE SHIPMENT
+SHIPPING ADVICE TO THE CYPRUS INSURANCE COMPANY ON THE FAX NO 29125312 SHOWING THE OPEN POLICY NO 13-1203614 AND ALL SHIPPING DETAILS

ADDITIONAL COND. 47A: + EACH PACKING UNIT BEARS AN INDELIBLE MARK INDICATING THE COUNTRY OF ORIGIN OF THE GOODS PACKING LIST TO CERTIFY THIS
+ INSURANCE IS BEING ARRANGED BY THE BUYER
+ A USD80.00 DISCREPANCY FEE, FOR BENEFICIARY'S ACCOUNT, WILL BE DEDUCTED FROM THE REIMBURSEMENT CLAIM FOR EACH PRESENTATION OF DISCREPANT DOCUMENTS UNDER THIS CREDIT
+THIS CREDIT IS SUBJECT TO THE U.C.P. FOR DOCUMENTARY CREDITS (2006 REVISION) I.C.C., PUB. NO 600.

DETAILS OF CHARGES 71B: ALL BANK CHARGES OUTSIDE CYPRUS ARE FOR THE ACCOUNT OF THE BENEFICIARY

PRESENTATION PERIOD 48: WITHIN 15 DAYS AFTER THE DATE OF SHIPMENT BUT WITHIN THE VALIDITY OF THE CREDIT

CONFIRMATION *49: WITHOUT

INSTRUCTION 78: ON RECEIPT OF DOCUMENTS CONFIRMING TO THE TERMS OF THIS DOCUMENTARY CREDIT, WE UNDERTAKE TO REIMBURSE YOU IN THE CURRENCY OF THE CREDIT IN ACCORDANCE WITH YOUR INSTRUCTIONS, WHICH SHOULD INCLUDE YOUR UID NUMBER AND THE ABA CODE OF THE RECEIVING BANK

其他相关资料。

发票号码：17SHGD3029	发票日期：2017 年 2 月 2 日
提单号码：SHYZ132234	提单日期：2017 年 2 月 12 日
集装箱号码： FSCU3214999	集装箱封号： 1295312
集装箱：1x20'FCL, CY/CY	船名：LT DIAMOND，V. 021W

木花架，WOODEN FLOWER STANDS, H.S.CODE: 44219090.90,
QUANTITY：350PCS, USD9.90/PC, 2PCS/箱，共 175 箱。
纸箱尺码：66 厘米×22 厘米×48 厘米，
毛重：11KGS/箱，净重：9KGS/箱。
木花桶，WOODEN FLOWER POTS, H.S.CODE：44219090.90,
QUANTITY： 600PCS，USD8.00/PC, 4PCS/箱，共 150 箱。
纸箱尺码：42 厘米×42 厘米×45 厘米，
毛重：15KGS/箱，净重：13KGS/箱。
唛头：L. P. O. L.

（二）操作要求

请根据上述资料将下列装船通知填写完整。

嘉兴市拓美进出口有限公司

JIAXING TOMAY IMPORT&EXPORT CO.,LTD.
NO.199 XIUYUAN ROAD, JIAXING CITY,ZHEJIANG ,CHINA
装船通知
SHIPPING ADVICE

Date: 12 FEB., 2017

Fax No. 29125312

To:
CYPRUS INSURANCE COMPANY

WE HEREBY STATE THAT THE GOODS UNDER THE OPEN POLICY NO. 13-1203614 HAVE BEEN SHIPPED. THE SHIPPING DETAILS ARE AS FOLLOW:

Description of goods:

Credit No.:

Number of package:

Quantity:

Goods value:

Container & Seal No.:

Port of loading:

Port of discharge:

Bill of Lading No. & Date:

Vessel Name & Voy:

嘉兴市拓美进出口有限公司
JIAXING TOMAY IMPORT&EXPORT CO.,LTD

吴荣林（章）

项目 11　制作受益人证明

技能训练目标

知识目标

了解受益人证明的含义及作用，熟悉受益人证明的格式和内容。

能力目标

能根据 L/C 条款和/或合同条款要求缮制受益人证明。

技能训练内容

1．受益人证明的格式和内容。

2．受益人证明的缮制要点。

3．L/C 条款和/或外贸合同条款对受益人证明要求的阅读。

技能训练练习题

一、多项选择题

1．常见的出口商（受益人）证明有（　　）。

A．寄单证明　　　　B．寄样证明

C．保费收据　　　　D．货物补充说明

E．借记通知　　　　F．贷记通知

二、实训操作题

（一）实训资料

DOC. CREDIT NUMBER	*20: M0756510NS0023000
DATE OF ISSUE	31C: FEB. 08, 2017
EXPIRY	*31D: DATE APR. 30, 2017 PLACE CHINA
APPLICANT	*50: CHANG JI TRADING CO. , 305, SEONG CHANG BLDG. , 2972 SEOKCHON DONG, SEOUL, KOREA

BENEFICIARY	*59: JIAXING TOMAY IMP&EXP CO.,LTD. NO.199 XIUYUAN ROAD, JIAXING CITY,ZHEJIANG ,CHINA
AMOUNT	*32B: CURRENCY USD AMOUNT 45 600.00
PARTIAL SHIPMENTS	43P: ALLOWED
TRANSSHIPMENT	43T: NOT ALLOWED
LOADING IN CHARGE	44A: CHINA PORT
FOR TRANSPORTATION TO	44B: INCHON, KOREA
LATEST DATE OF SHIPMENT	44C: APR. 15, 2017
DESCRIPIT OF GOODS	45A:CINNAMON WHOLE 8.64M/T USD2250.00/MT AS PER INDENT NO. 57152 CINNAMON BROKEN 12M/T USD2180.00/MT AS PER INDENT NO. 57151 CFR INCHON
DOCUMENTS REQUIRED	46A :*BENEFICIARY'S CERTIFICATE CERTIFYING THAT THEY WILL GIVE THE BUYER AN IMMEDIATE NOTICE ABOUT SHIPPING PARTICULAR WITHIN 48 HOURS FROM THE EXACT SHIPPING DATE.
ADDITIONAL CONDITION	47A: SHIPPING MARK--- CHANGJI INCHON SHOULD BE INDICATED ON BOTH SIDES OF PACKING CARTONS

其他资料。

CINNAMON WHOLE: 216 cartons of 40kgs net each, Gross Weight: 42.5KGS/CTN

CINNAMON BROKEN: 300 cartons of 40kgs net each,

Gross Weight: 42.5KGS/CTN

M: 45cm×30cm×20cm/CARTON

Port of Loading: SHANGHAI, CHINA

Date of B/L: APR. 8, 2017

B/L NO. TE984575

S/C No.: 12MHS14635

INVOICE NO.:IVY2017021

（二）实训要求

根据所给资料制作受益人证明。

嘉兴市拓美进出口有限公司

JIAXING TOMAY IMPORT&EXPORT CO.,LTD.
NO.199 XIUYUAN ROAD, JIAXING CITY,ZHEJIANG ,CHINA

BENEFICIARY' S CERTIFICATE

TO: DATE:

RE: L/C NO.: INVOICE No.:

S/C NO.:

嘉兴市拓美进出口有限公司 JIAXING TOMAY IMPORT&EXPORT CO.,LTD

吴荣林（章）

项目 12　制作汇票

技能训练目标

知识目标

熟悉汇票的种类，熟悉汇票的票据行为。

能力目标

能根据外贸合同或信用证准确填制汇票。

技能训练内容

1．汇票的出票、提示、付款、拒付、追索等票据行为的理解。

2．汇票各个当事人的确立。

3．托收项下汇票的缮制。

4．信用证项下汇票的缮制。

技能训练练习题

一、单项选择题

1．汇票的抬头是指汇票的（　　）。

A．受票人　　B．出票人　　C．付款人　　D．收款人

2．汇票的抬头有 3 种填写方式，根据我国票据法规定，签发（　　）的汇票无效。

A．限制性抬头　　B．指示性抬头

C．持票人或来人抬头　　D．记名抬头

3．信用证上若未注明汇票的付款人，根据《UCP600》的解释，汇票的付款人应是（　　）。

A．The Applicant　　B．The Issuing Bank

C．The Negotiation Bank　　D．The Beneficiary

4．如果信用证显示 Available with any bank，在缮制汇票时，受款人栏目（　　）。

A．只能填写 ANY BANK　　B．可以由受益人指定

C．只能由开证行指定　　D．可以由进口商指定

5．我国《票据法》规定，即期汇票持票人对出票人和承兑人的追索权，应在出票日起算（　　）内行使。

A. 3 个月　　B. 6 个月　　C. 1 年　　D. 2 年

6. 若规定货物装船后 30 天付款，则在信用证申请书中汇票的付款期限应填为（　　）。

A. AT 30 DAYS SIGHT　　B. AT 30 DAYS AFTER B/L DATE

C. AT 30 DAYS FROM INVOICE DATE　　D. AT ××× SIGHT

7. 由出口商签发的要求银行在一定时间内付款的汇票不可能是（　　）。

A. 商业汇票　　B. 银行汇票　　C. 远期汇票　　D. 即期汇票

8. 可转让信用证项下，第一受益人通过替换第二受益人提交的（　　），以赚取差价。

A. 汇票、发票　　B. 发票、提单　　C. 提单、装箱单　　D. 全套单据

9. 凡做成限制性背书的汇票，只能由（　　）凭票取款。

A. 其他被背书人　　B. 指定的被背书人　　C. 银行　　D. 买方

10. 在信用证的汇票条款中注明”Drawn on us”，出口商缮制汇票时，应将付款人做成（　　）。

A. 开证行　　B. 议付行　　C. 进口商　　D. 通知行

11. 承兑是（　　）对远期汇票表示承担到期付款责任的行为。

A. 付款人　　B. 受款人　　C. 卖方　　D. 通知行

12. 以下选项中,不含汇票的是（　　）。

A. 延期付款信用证　　B. 即期信用证　　C. 议付信用证　　D. 承兑信用证

13. 在国际贸易中，能充当信贷工具的票据主要是（　　）。

A. 本票　　B. 支票　　C. 汇票　　D. 信用证

14. 若汇票受款人一栏内写明“Pay to the order of…”则该汇票（　　）。

A. 不可流通转让　　B. 可以经背书转让

C. 无须背书，即可流通转让　　D. 由出票人决定是否可以转让

15. 付款人对远期汇票表示承担到期付款责任的行为叫（　　）。

A. 见票　　B. 即期付款　　C. 承兑　　D. 远期付款

16. 国际贸易中使用的金融票据主要有汇票、本票和支票。其中（　　）使用最多。

A. 汇票　　B. 本票　　C. 支票　　D. 以上都对

17. 托收方式下，出口方开具汇票上的付款人是（　　）。

A. 进口方　　B. 托收行　　C. 代收行　　D. 开证行

18. 某公司签发一张汇票，上面注明“AT ×××××× SIGHT”，这张汇票是（　　）。

A. 即期汇票　　B. 承兑汇票　　C. 远期汇票　　D. 无效汇票

19. 全套汇票的正本份数，应该是（　　）。

A. 1 份　　B. 2 份　　C. 3 份　　D. 视不同国家而定

20. 某外贸企业签发一张汇票，以某银行为付款人，则这张汇票是（　　）。

A. 商业汇票　　B. 银行汇票　　C. 商业承兑汇票　　D. 进口商汇票

21. 若信用证未规定汇票付款人名称，则可理解为付款人是（　　）。

A. 开证行　　B. 议付行　　C. 偿付行　　D. 开证申请人

22. 出口贸易中，采用信用证和托收方式收汇时，常用的汇票是（　　）。

A. 银行汇票　　B. 商业汇票　　C. 商业承兑汇票　　D. 光票

23. 下列汇票的抬头中可以经过背书转让的是（　　）。

A．Pay to the order of ABC Company　　B．Pay to ABC Company only
C．Pay to the holder　　D．Pay to bearer

24. 出口商持有远期汇票 10 000 美元，于 40 天后到期，已知银行贴现年利率为 6.5%，则贴现的利息为（　　）。
A．71.23 美元　　B．70.23 美元　　C．72.22 美元　　D．73.22 美元

25.“Drawee”是指汇票当事人中的（　　）。
A．出票人　　B．付款人　　C．收款人　　D．背书人

26.“Pay to ABC Company Only”是汇票的（　　）。
A．限制性抬头　　B．指示性抬头　　C．来人抬头　　D．空白抬头

27.“at 30 days after the date of the draft”是汇票付款日期的哪种记载形式（　　）。
A．定日付款　　B．出票日后定期付款
C．见票日后定期付款　　D．运输单据出单日期后定期付款

28. 汇票按照出票人可分为（　　）。
A．商业汇票和银行汇票　　B．远期汇票和即期汇票
C．商业承兑汇票和银行承兑汇票　　D．跟单汇票和光票

29. 如汇票的见票日为 6 月 15 日，付款期限为见票日后 30 天，则到期日为（　　）。
A．7 月 15 日　　B．7 月 14 日　　C．7 月 16 日　　D．7 月 17 日

30. 信用证项下汇票的付款人一般为（　　）。
A．议付行　　B．通知行
C．开证行或指定付款行　　D．开证申请人

31. 出口商开立的汇票如遭拒付，则（　　）。
A．开证申请人有权行使追索权　　B．通知行有权行使追索权
C．议付行有权行使追索权　　D．受益人有权行使追索权

32. 某公司签发一张汇票，上面注明“AT 90 DAYS AFTER SIGHT”，这张汇票是（　　）。
A．即期汇票　　B．银行汇票　　C．远期汇票　　D．无效汇票

33. 根据我国《票据法》规定，使用（　　）抬头汇票无效。
A．Pay to ×××　only　　B．Pay to ×××　or order
C．Pay to the order of ×××　　D．Pay to bearer

34. 若信用证规定货物装船后 30 天付款，在信用证中的汇票付款期限栏则应填写（　　）。
A．At 30 days after sight
B．At 30 days after B/L date，并在汇票上注明提单日期
C．At 30 days after drafts date
D．At ××××××　sight

35. 汇票上的出票日期也称汇票日期，是全套单据日期（　　）。
A．最晚的一个，但不能晚于信用证有效期和规定的交单期
B．最晚的一个，可以晚于信用证有效期
C．最早的一个，但不要早于信用证开证日期
D．最早的一个，可以早于信用证开证日期

36. 如果信用证规定 DRAFT AT 15 DAYS FROM B/L DATE，一套提单上有两个装船批注，

批注中的日期分别是 JAN 3,2017 和 JAN 7 ,2017，则汇票的到期日应为（　　）。

A．JAN 21, 2017　　B．JAN 22, 2017　　C．JAN 17,2017　　D．JAN 18,2017

37．某公司持有一张经银行承兑的期限为 90 天的银行承兑汇票，票面金额为 500 万欧元，为提前取得资金，该公司找某银行要求贴现，当时的贴现率为 10%，每笔贴现手续费 150 欧元，求该公司贴现后可取得多少资金（　　）。

A．4 487 850 欧元　　B．4 478 850 欧元　　C．4 874 850 欧元　　D．4 784 850 欧元

38．承兑是指汇票付款人承诺对远期汇票承担到期付款责任的行为。我国《票据法》规定，自收到提示承兑汇票之日起（　　），付款人必须做出承兑。

A．5 天内　　B．3 天内　　C．4 天内　　D．2 天内

39．汇票是一种代替现金的支付工具，有两张正本，其效力是（　　）。

A．第一张有效，第二张无效　　B．第二张有效，第一张无效

C．相同的，先到先付，后到无效　　D．同等的，银行支付两次

二、多项选择题

1．汇票的抬头人，下列哪几种形式可以转让（　　）。

A．PAY TO BEARER　　B．PAY TO HOLDER

C．PAY TO A CO.,ONLY　　D．PAY TO A CO. OR ORDER

E．PAY TO A CO., NOT TRANSFERABLE

2．常见的规定远期汇票起算日期的方法有（　　）。

A．自出票日起算　　B．自见票日起算　　C．自开证日起算　　D．自提单日起算

3．信用证项下用于结汇的汇票可以是（　　）。

A．即期汇票　　B．远期汇票　　C．商业汇票　　D．银行汇票

4．根据《票据法》，汇票上必须记载的事项包括（　　）等内容。

A．确定的金额　　B．汇票日期　　C．付款人名称　　D．合同编号

5．在信用证项下，如使用汇票应明确（　　）。

A．出票人　　B．受票人　　C．汇票金额

D．汇票付款期限　　E．主要条款

6．下列各项中，属票据行为的有（　　）。

A．背书　　B．出票　　C．承兑

D．交单　　E．提示

7．当来证规定：“INVOICE MUST SHOW CIF VALUE INCLUDING 5% COMMISSION AT THE TIME OF NEGOTIATION, 5% COMMISSION MUST BE DEDUCTED FROM DRAWINGS UNDER THIS CREDIT.”那么汇票金额应该（　　）。

A．小于发票金额　　B．大于发票金额　　C．是不含佣的 CIF 价

D．是含佣的 CIF 价　　E．以上选项皆不正确

8．本票和汇票的区别主要是（　　）。

A．本票是书面支付承诺；汇票是书面支付命令

B．本票的付款人都是银行；汇票的付款人都是工商企业

C．本票的主债务人不会变化；汇票的主债务人会因承兑而变化

D．本票的票面有两个当事人；而汇票有 3 个当事人

E．本票是书面支付命令；汇票是书面支付承诺

9．信用证项下用于结汇的汇票可以是（　　）。

A．即期汇票　　B．远期汇票　　C．商业汇票　　D．银行汇票

10．远期汇票使用的一般程序有（　　）。

A．承兑　　B．贴现　　C．提示　　D．付款

三、判断题（对的打“√”，错的打“×”）

1．如果汇票上加注“货物到达后支付”，则构成支付的附加条件，根据我国《票据法》，该汇票无效。（　　）

2．除非汇票上注明“Without Recourse”，否则汇票经背书后，其收款权利转让给被背书人，如该汇票日后遭到拒付，被背书人可向前手行使追索权。（　　）

3．一张商业汇票的收款人是“仅付给约翰·斯通”（Pay to John Stone only），这种汇票可以经过背书转让。（　　）

4．汇票在提示时，遭遇付款人拒绝付款或承兑，或者付款人拒不见票、死亡、宣告破产，致使付款（承兑）成不可能，通称拒付，又称退票。（　　）

5．如果汇票上加注“货物到达后支付”，则构成支付的附加条件，根据我国《票据法》，该汇票无效。（　　）

6．托收业务的汇票的出票条款处，可表明有关合同号。（　　）

7．汇票、本票和支票都有即期的和远期的两种。（　　）

8．汇票的受款人又称受票人，也就是汇票出票人的命令对汇票付款的人。（　　）

9．在信用证业务中，商业汇票一般一式两份，两份具有同等效力；付款行其中一份付讫，另一份则自动失效。（　　）

10．银行汇票和商业汇票的区别：前者的付款人是银行，后者的付款人是公司。（　　）

11．对付款人而言，承兑就是承诺按票据文义付款。汇票一经承兑，付款人就成为汇票的承兑人以及汇票的主债务人，出票人成为汇票的从债务人。（　　）

12．汇票的出票是指出票人签发汇票的行为。（　　）

13．即期议付信用证条件下，议付行 ABC 银行提交的汇票收款人规定为：“TO ORDER OF ABC BANK.”但对汇票未作背书，则应视为不合格汇票。（　　）

14．信用证项下的汇票付款人，如无特别规定，应为信用证的开证行。（　　）

15．在跟单托收中，汇票属于金融单据，发票和装运单据等属于商业单据。光票托收中没有商业单据，只有金融单据。（　　）

16．如果一张汇票未注明“汇票”字样，并不影响此汇票的使用。（　　）

17．Drawee 是指汇票的出票人。一般情况下是开证行，但有时也会是偿付行。（　　）

18．光票是指不附带货运单据的汇票，一般用于贸易从属费用、尾款、佣金等的收付。（　　）

19．汇票的受款人又称受票人，也就是汇票出票人的命令对汇票付款的人。（　　）

20．在票汇情况下，进口方购买银行汇票经寄出口方，因采用的是银行汇票，故这种付款方式属于银行信用。（　　）

四、实训操作题

习 题 一

（一）实训资料

1．信用证

ISSUING BANK: CYPRUS POPULAR BANK LTD, LARNAKA

ADVISING BANK: BANK OF CHINA, SHANGHAI BRANCH

SEQUENCE OF TOTAL	*27: 1/1
FORM OF DOC. CREDIT	*40A: IRREVOCABLE
DOC. CREDIT NUMBER	*20: 186/13/10014
DATE OF ISSUE	31C: 170105
EXPIRY	*31D: DATE 170228 PLACE CHINA
APPLICANT	*50: LAIKI PERAGORA ORPHANIDES LTD., 020 STRATIGOU TIMAGIA AVE., 6046, LARNAKA, CYPRUS
BENEFICIARY	*59: JIAXING TOMAY IMP. AND EXP. CO., LTD NO.199 XIUYUAN ROAD, JIAXING CITY, ZHEJIANG,CHINA
AMOUNT	*32B: CURRENCY USD AMOUNT 8 265.00
POS. / NEG. TOL. (%)	39A: 05/05
AVAILABLE WITH/BY	*41D: BANK OF CHINA, JIAXING BRANCH
BY NEGOTIATION	
DRAFT AT ...	42C: AT SIGHT FOR FULL INVOICE VALUE
DRAWEE	*42D: LIKICY2NXXX *CYPRUS POPULAR BANK LTD *LARNAKA
PARTIAL SHIPMENT	43P: ALLOWED
TRANSSHIPMENT	43T: ALLOWED
PORT OF LOADING	44E: SHANGHAI PORT
PORT OF DISCHARGE	44F: LIMASSOL PORT
LATEST DATE OF SHIP.	44C: 170213
DESCRIPT. OF GOODS	45A: WOODEN GARDEN PRODUCTS AS PER S/C NO 12SGP1201 CFR LIMASSOL PORT
DOCUMENTS REQUIRED	46A: +COMMERCIAL INVOICE IN QUADRUPLICATE ALL STAMPED AND SIGNED BY BENEFICIARY CERTIFYING

THAT THE GOODS ARE OF CHINESE ORIGIN
+FULL SET OF CLEAN ON BOARD BILL OF LADING MADE OUT TO ORDER OF SHIPPER AND BLANK ENDORSED, MARKED FREIGHT PREPAID AND NOTIFY APPLICANT
+PACKING LIST IN TRIPLICATE SHOWING PACKING DETAILS SUCH AS CARTON NO. AND CONTENTS OF EACH CARTON
+CERTIFICATE STAMPED AND SIGNED BY BENEFICIARY STATING THAT THE ORIGINAL INVOICE AND PACKING LIST HAVE BEEN DISPATCHED TO THE APPLICANT BY COURIER SERVISE ONE DAY BEFORE THE SHIPMENT
+SHIPPING ADVICE TO THE CYPRUS INSURANCE COMPANY ON THE FAX NO 29125312 SHOWING THE OPEN POLICY NO 13-1203614 AND ALL SHIPPING DETAILS

ADDITIONAL COND. 47A: + EACH PACKING UNIT BEARS AN INDELIBLE MARK INDICATING THE COUNTRY OF ORIGIN OF THE GOODS PACKING LIST TO CERTIFY THIS
+ INSURANCE IS BEING ARRANGED BY THE BUYER
+ A USD80.00 DISCREPANCY FEE, FOR BENEFICIARY'S ACCOUNT, WILL BE DEDUCTED FROM THE REIMBURSEMENT CLAIM FOR EACH PRESENTATION OF DISCREPANT DOCUMENTS UNDER THIS CREDIT
+THIS CREDIT IS SUBJECT TO THE U.C.P. FOR DOCUMENTARY CREDITS (2006 REVISION) I.C.C., PUB. NO 600.

DETAILS OF CHARGES 71B: ALL BANK CHARGES OUTSIDE CYPRUS ARE FOR THE ACCOUNT OF THE BENEFICIARY

PRESENTATION PERIOD 48: WITHIN 15 DAYS AFTER THE DATE OF SHIPMENT BUT WITHIN THE VALIDITY OF THE CREDIT

CONFIRMATION *49: WITHOUT

INSTRUCTION 78: ON RECEIPT OF DOCUMENTS CONFIRMING TO THE TERMS OF THIS DOCUMENTARY CREDIT, WE UNDERTAKE TO REIMBURSE YOU IN THE CURRENCY OF THE CREDIT IN ACCORDANCE WITH YOUR INSTRUCTIONS, WHICH SHOULD INCLUDE YOUR UID NUMBER AND THE ABA CODE OF THE RECEIVING BANK

2．其他相关资料

发票号码：17SHGD3029　　发票日期：2017 年 2 月 2 日

提单号码：SHYZ132234　　提单日期：2017 年 2 月 12 日

集装箱号码：FSCU3214999　　集装箱封号：1295312

集装箱：1x20'FCL, CY/CY　　船名：LT DIAMOND，V. 021W

木花架，WOODEN FLOWER STANDS,　H.S.CODE: 44219090.90,

QUANTITY：350PCS，USD9.90/PC，2PCS/箱，共 175 箱。

纸箱尺码：66 厘米×22 厘米×48 厘米,

毛重：11KGS/箱, 净重：9KGS/箱。

木花桶，WOODEN FLOWER POTS,　H.S.CODE：44219090.90,

QUANTITY：600PCS，USD8.00/PC, 4PCS/箱, 共 150 箱。

纸箱尺码：42 厘米×42 厘米×45 厘米,

毛重：15KGS/箱, 净重：13KGS/箱。

唛头：L. P. O. L.

186/13/10014

MADE IN CHINA

NO.1-325

出口商公司中文名：嘉兴市拓美进出口有限公司

出口商法人代表：吴荣林

（二）实训要求

根据所给资料填制汇票。

BILL OF EXCHANGE

凭　　信用证　第　　号

Drawn under (1) ____________ **L/C No.** (2) ____________

日期

Dated (3) ____________ 支取 Payable with interest　% per annum 按年息　付款

号码 (4)　汇票金额　中国嘉兴　年　月　日

No. ____________ **Exchange for** (5) ____________ **JIAXING China** (6)

见票　日 后（本 汇 票 之 副 本 未 付）付 交

At (7) ____________ sight of this **FIRST** of Exchange (Second of exchange　金额

being unpaid) **Pay to the order of** (8)　**The sum**

(9)

款已收讫

Value received

此致

To:

(10)

习 题 二

（一）实训资料

销售确认书
SALES CONFIRMATION

S/C No.: KFY1230/2017

Date: JAN 3, 2017

Signed at: JIAXING

Seller:

JIAXING TOMAY IMP. AND EXP. CO., LTD.
NO.199 XIUYUAN ROAD
JIAXING CITY
ZHEJIANG, CHINA
Tel: 0573-83388784

Buyer:

KWONG FOO YOUNG CO., LTD.
34 JALAP STREET,
50050
SINGAPORE
Tel: 0065763421

The undersigned Sellers and Buyers have agreed to close the following transaction according to the terms and conditions stipulated below:

Name of commodity and specifications	Quantity	Unit Price	Amount
		CIF SINGAPORE	
BEAN CURD AND VINEGAR			
BEAN CURD	200CTNS	USD12.75	USD2 550.00
VINEGAR	200JARS	USD16.50	USD3 300.00
TOTAL:	400PKGS		USD5 850.00

Total amount: SAY U. S. DOLLARS FIVE THOUSAND EIGHT HUNDRED AND FIFTY ONLY.

Packing: TOTAL PACKED IN ONE FULL 20 FEET CONTAINER.

Shipment: FROM CHINA TO SINGAPORE ALLOWING PARTIAL SHIPMENT BUT TRANSSHIPMENT NOT ALLOWED

Shipping Marks: N/M

Time of Shipment: ON OR BEFORE MAR. 15, 2017

Terms of Payment: BY D/P AT SIGHT

Documents required: （1）SIGNED COMMERCIAL INVOICE IN TRIPLICATE

（2）SIGNED PACKING LIST IN DUPLICATE

（3）FULL SET CLEAN ON BOARD OCEAN BILL OF LADING MADE OUT TO

（4）ORDER BLANK ENDORSED MARKED FREIGHT PREPAID NOTIFY THE BUYER

（5）INSURANCE POLICY OR CERTIFICATE FOR 110 PCT OF THE INVOICE VALUE COVERING ALL RISKS AND WAR RISK AS PER CIC OF PICC DATED 01/01/2000

（6）CERTIFICATE OF CHINESE ORIGIN IN DUPLICATE

Arbitration: Any dispute arising from the execution of or in connection with this contract shall be settled amicably through negotiation. In case shall then be submitted to China International Economic & Trade Arbitration Commission in Beijing for arbitration in accordance with its arbitration rules. The arbitration award is final and binding upon both parties. The fee for arbitration shall be borne by losing party unless otherwise awarded.

The Buyer:	**The Seller:**
Kwong Foo Young Co., Ltd.	JIAXING TOMAY IMP. AND EXP. CO., LTD.
John Kuok	吴荣林
Signature	签署

其他相关资料。

发票号码：JF170220	发票日期：2017 年 2 月 20 日
提单号码：FS131263	提单日期：2017 年 3 月 2 日
船名：DONGFENG V. 037	装运港：SHANGHAI
集装箱：1×20' FCL CY/CY	集装箱号/封号：STEU4597111/60010
生产单位注册号：324176090	报检单位登记号：140967023
托运人与报检员：周诚	电话：87081234
保险单号码：13-75269	托收银行：中国银行嘉兴分行

腐乳 200 箱，商品编号：2100.9090，毛重：22 千克/箱，净重：19 千克/箱，总体积：5 立方米

米醋 200 坛，商品编号：2209.0000，毛重：52 千克/坛，净重：50 千克/坛，总体积：20 立方米

海关计量单位：皆是千克

（二）操作要求

根据合同及相关资料制作汇票。

凭

Drawn under (1) ______________________

号码 汇票金额 (3) 中国嘉兴 年 月 日

No. (2) ________ **Exchange for** ________ **Jiaxing China** (4)

见票 (5) 日 后（本 汇 票 之 副 本 未 付）付 交

At ________ sight of this **FIRST** of Exchange (Second of exchange 金额

being unpaid) **Pay to the order of** (6) ________ **The sum**

(7) ______________________

款已收讫

Value received

此致

To: (8) ______________________

____

____

嘉兴市拓美进出口有限公司（章）
JIAXING TOMAY IMP. AND EXP. CO., LTD.

吴荣林（章）

第二篇　综合技能训练指导篇

项目 13　综合训练一

技能训练内容

托收支付方式下根据合同及其他货物实际出运信息填制汇票、托运单和报检单。

技能训练实训操作题

（一）实训资料

SALES CONFIRMATION

S/C No.: KFY1230/2016

Date: DEC. 30, 2016

Signed at: JIAXING

Seller:	**Buyer:**
JIAXING TOMAY IMPORT&EXPORT CO.,LTD.	KWONG FOO YOUNG CO., LTD.
NO.199 XIUYUAN ROAD,	34 JALAP STREET,
	50050
JIAXING CITY,ZHEJIANG,CHINA	SINGAPORE

The undersigned Sellers and Buyers have agreed to close the following transaction according to the terms and conditions stipulated below:

Name of commodity and specifications	Quantity	Unit Price	Amount
		CIF SINGAPORE	
BEAN CURD AND VINEGAR			
BEAN CURD	200CTNS	USD12.75	USD2 550.00
VINEGAR	200JARS	USD16.50	USD3 300.00
TOTAL:	400PKGS		USD5 850.00

Total amount: SAY U. S. DOLLARS FIVE THOUSAND EIGHT HUNDRED AND FIFTY ONLY.

Packing: TOTAL PACKED IN ONE FULL 20 FEET CONTAINER.

Shipment: FROM CHINA TO SINGAPORE ALLOWING PARTIAL SHIPMENT BUT TRANSSHIPMENT NOT ALLOWED

Shipping Marks: N/M

Time of Shipment: ON OR BEFORE MAR. 15, 2017

Terms of Payment: BY D/P AT SIGHT

Documents required: SIGNED COMMERCIAL INVOICE IN TRIPLICATE

SIGNED PACKING LIST IN DUPLICATE

FULL SET CLEAN ON BOARD OCEAN BILL OF LADING MADE OUT TO ORDER BLANK ENDORSED MARKED FREIGHT PREPAID NOTIFY THE BUYER

INSURANCE POLICY OR CERTIFICATE FOR 110 PCT OF THE INVOICE VALUE COVERING ALL RISKS AND WAR RISK AS PER CIC OF PICC DATED 01/01/2010

CERTIFICATE OF CHINESE ORIGIN IN DUPLICATE

Arbitration: Any dispute arising from the execution of or in connection with this contract shall be settled amicably through negotiation. In case shall then be submitted to China International Economic & Trade Arbitration Commission in Beijing for arbitration in accordance with its arbitration rules. The arbitration award is final and binding upon both parties. The fee for arbitration shall be borne by losing party unless otherwise awarded.

The Buyer:	**The Seller:**
KWONG FOO YOUNG CO., LTD.	**JIAXING TOMAY IMPORT&EXPORT CO.,LTD.**
John Kuok	吴荣林
Signature	签署

其他相关资料。

发票号码：JF130220	发票日期：2017 年 2 月 20 日
提单号码：FS131263	提单日期：2017 年 3 月 2 日
船名：DONGFENG V. 037	装运港：SHANGHAI
集装箱：1×20' FCL CY/CY	集装箱号/封号：STEU4597111/60010
生产单位注册号：324176090	报检单位登记号：140967023
托运人与报检员：陈星	电话：87081234
保险单号码：13-75269	托收银行：中国银行嘉兴分行

腐乳 200 箱，商品编号：2100.9090，毛重：22 千克/箱，净重：19 千克/箱，总体积：5 立方米

米醋 200 坛，商品编号：2209.0000，毛重：52 千克/坛，净重：50 千克/坛，总体积：20 立方米

海关计量单位：皆是千克

（二）操作要求

根据上述资料填制汇票、托运单和报检单。

1．汇票

凭

Drawn under (1)

号码 汇票金额 中国嘉兴 年 月 日

No. (2) **Exchange for** (3) **JIAXING China** (4)

见票 日后（本汇票之副本未付）付交

At (5) sight of this **FIRST** of Exchange (Second of exchange

金额

being unpaid) **Pay to the order of** (6) **The sum**

(7)

款已收讫

Value received

此致

To: (8)

嘉兴市拓美进出口有限公司
JIAXING TOMAY IMPORT&EXPORT CO.,LTD

吴荣林（章）

2．托运单

嘉兴市拓美进出口有限公司托运单
BOOKING NOTE

托运人 Shipper (3)

托运单号码 No.: JF130220

托运日期 Date: 2017 年 2 月 20 日

装运港 Port of Loading: (1)

目的港 Port of discharge: (2)

收货人 Consignee (4)

被通知人 Notify party (5)

续表

唛头 Marks & Nos.	件数 No. & kind of pkgs	品名 Description of goods	净重 Net weight	毛重 Gross weight	尺码（体积） Measurement
N/M	(6)	(7)	13 800.00KGS	14 800.00KGS	25.000CBM

Total: SAY FOUR HUNDRED PACKAGES ONLY

可否分批 **Partial shipment:** (8) 可否转运 **Transshipment:** (9) 装船期限 **Latest shipment date:** 2017 年 3 月 2 日 货存地点 **Goods in:** 嘉兴食品厂，嘉兴市纺工路 1256 号，王玲，0573-86239812	正本 **Original B/L Number.:** THREE 副本 **Copy of B/L Number.:** ONE 运费缴付 **Freight:** (10) 运输方式 **Means of transport:** 海运

特别条款 **Special conditions:**

托运联系人：陈星

电话：0573-83388784

嘉兴市拓美进出口有限公司
托运专用章

3．报检单

中华人民共和国出入境检验检疫
出境货物报检单

报检单位（加盖公章）　　嘉兴市拓美进出口有限公司（公章）　　*编号

报检单位登记号：　140967023　　联系人　陈星　　电话　87081234　　报检日期　2017 年 2 月 20 日

发货人	（中文）	（1）
	（外文）	×××
收货人	（中文）	×××
	（外文）	×××

货物名称（中/外文）	H. S. 编码	产地	数/重量	货物总值	包装种类及数量
	（2）		（3）		（4）
腐乳		浙江嘉兴		2 550 美元	
米醋		浙江嘉兴	200 坛 10 000 千克	3 300 美元	
运输工具名称号码	船舶	贸易方式	一般贸易	货物存放地点	厂内
合同号	（5）	信用证号	×××	用途	（7）
发货日期	2017 年 2 月 12 日	输往国家（地区）	（6）	许可证/审批号	×××
起运地	上海	到达口岸	新加坡	生产单位注册号	（8）
集装箱规格、数量及号码					

合同、信用证订立的检验检疫条款或特殊要求	标记及号码	随附单据(画“√”或补填)	
××××××	（9）	√合同	√包装性能结果单
		□信用证	□许可/审批文件
		√发票	□
		□换证凭单	□
		√装箱单	□
		√厂检单	□

需要证书名称(画“√”或补填)				*检验检疫费	
□品质证书	__正__副	□植物检疫证书	__正__副	总金额（人民币）	
□重量证书	__正__副	□熏蒸/消毒证书	__正__副		
□数量证书	__正__副	□出境货物换证凭条		计费人	
□兽医卫生证书	__正__副	√出境货物通关单			
□健康证书	__正__副	□		收费人	
□卫生证书	__正__副	□			
□动物卫生证书	__正__副	□			

	领取证书	
报检人郑重声明： **1．本人被授权报检。** **2．上列填写内容正确属实，货物无伪造或冒用他人的厂名、标志、认证标志，并承担货物质量责任。** （10） 签名：	日期	
	签名	

注：有“*”号栏由出入境检验检疫机关填写　　◆国家出入境检验检疫局制

项目 14　综合训练二

技能训练内容

在信用证支付方式下，根据信用证及其他货物实际出运信息填制商业发票、装箱单、保险单、海运提单、普惠制原产地证书格式 A、汇票。

技能训练实训操作题

（一）实训资料

1．信用证

BASIC HEADER F01 BKCHCNBJA5XX 9056 375784

APPL HEADER O 700 1340990118 BPSMPTPLAXXX 2682 0881469901182140 N

+ BANCO PINTO AND SOTTO MAYOR，LISBAO
+ PORTUGAL
+ LISBAN CODEX，　PORTUGAL

（BANK NO：1218000）

:MT:700 __________ISSUE OF A DOCUMENTARY CREDIT__________

SEQUENCE	:27:	1/1
FORM OF DOCUMENTARY CREDIT	:40A:	IRREVOCABLE
DOCUMENTARY CREDIT NUMBER	:20:	058230CDI11711LC
DATE OF ISSUE	:31C:	170118
DATE AND PLACE OF EXPIRY	:31D:	170220 IN CHINA
APPLICANT	:50:	SAINT BILL LIMITADA RUA DE PEDROUCOS, 98-A 1200-287 LISBAO, PORTUGAL
BENEFICIARY	:59:	JIAXING TOMAY IMPORT&EXPORT CO.,LTD. 199 XIUYUAN ROAD, JIAXING,CHINA USD20 659.20
CURRENCY CODE, AMOUNT	:32B:	NOT EXCEEDING
MAXIMUM CREDIT AMOUNT	:39B:	BKCHCNBJ51C

续表

AVAILABLE WITH…BY…	:41A:	BY PAYMENT +BANK OF CHINA, JIAXING BRANCH +JIAXING, CHINA SIGHT OURSELVES
DRAFT AT	:42C:	NOT ALLOWED
DRAWEE	:42A:	ALLOWED
PARTIAL SHIPMENT	:43P:	SHANGHAI
TRANSSHIPMENT	:43T:	LISBON BY SEAFREIGHT
LOADING/DISPATCH/TAKING/FROM	:44A:	170212
FOR TRANSPORTATION TO…	:44B:	
LATEST DATE OF SHIPMENT	:44C:	
DESCRIPT OF GOODS/SERVICES	:45A:	

+ 12,000 PAIRS DOUBLE STAR BRAND MEN'S RUBBER SHOES AS PER PROF. INVOICES DD 17.11.17 AND 17.11.25

CIF LISBON

DOCUMENTS REQUIRED :46A:

+ SIGNED COMMERCIAL INVOICE (ORIGINAL AND 4 COPIES), VISAED BY THE CHAMBER OF COMMERCE CERTIFICATING GOODS ORIGIN
+ FULL SET (3/3) OF CLEAN ON BOARD OCEAN BILLS OF LADING, TO THE ORDER OF BANCO PINTO+SOTTO MAYOR, NOTIFYING BUYERS, THEIR NAME AND ADDRESS FULLY MENTIONED AND STATING FREIGHT PAID
+ PACKING LIST
+ INSURANCE POLICY/CERTIFICATE TO THE ORDER OF BANCO PINTO+SOTTO MAYOR OR TO ORDER AND BLANK ENDORSED, COVERING GOODS FOR THE INVOICE VALUE PLUS TO 10 PCT AGAINST THE RISKS OF ICC(A), ISC(CARGO) AND IWC(CARGO)
+ G.S.P. CERTIFICATE OF ORIGIN FORM "A" H.S. NO. 6302 BY CHINESE GOVERNMENT

CHARGES	:71B:	ALL BANKING CHGS OUTSIDE PORTUGAL ARE FOR BENEF ACCT.
PERIOD FOR PRESENTATIONS	:48:	WITHIN 8 DAYS AFTER DATE OF B/L
CONFIRMATION INSTRUCTION	:49:	CONFIRM
INSTRUCTION TO BANK	:78:	

PROVIDED DOCS ARE STRICTLY IN GOOD ORDER WE WILL CREDIT YR ACCT WITH AN AMERICAN BANK AT YR OPTION AFTER INSTRUCTIONS IN FIELD 72 HAVE BEEN COMPLIED WITH

SENDER TO RECEIVER INFO	:72:	AVAILABLE BY YR PYMT AT 5 FULL WORKING DAYS AFTER YR SWIFT ADVICE TO US STATING YOU CONSIDER DOCS IN ORDER AND EXACT AMT OF NEGOTIATION. PLS SEND US DOCS IN 2 SEPARATE LOTS

TRAILER

MAC: 9FE41FBC CHK-56783EE6A448

2．制单背景资料

1.	① Commodity： 12 000 pairs Double Star Brand Men's Rubber Shoes AS PER PROF. INVOICES DD17.11.17. AND 17.11.25.，
	② S/C NUMBER：DS986485
	③ All products are produced in China.
	④ H.S. Code: 64.01
2.	Specification：Each Carton Containing 39/10, 40/10, 41/10 and 42/10.
3.	Unit Price:：@USD1.7216 per pair CIF LISBON.
4.	Total Amount：USD20 659.20
5.	① Packing: in box of one pair each, 40 boxes to a carton, 300 cartons to one 40ft container. ② Measurement of the carton: 30cm×40cm×100cm.
	③ Container No.：PCIU2306476.
6.	① Invoice No.：NM134.
	② Shipping Mark：S. B. L. LISBON PORTUGAL No. 1-300
	③ Date of Invoice：Feb. 3rd, 2017
	④ The Authorized person for the Signature of the Invoice： 吴荣林
	⑤ Date of Packing List：the same as Invoice
7.	The Authorized person for the Signature of the Packing List： 吴荣林
8.	①B/L No.：1711676.
	② Date of Issuance of B/L：Feb. 10th, 2017.
9.	Signature of authorized signatory of carrier for B/L： 刘明华, As Agent.
10.	① Carrying Vessel：Possession V16.
	② Sailing Date： Feb. 12th, 2017
	③ Time of Shipment： Feb. 8th, 2017
11.	① G.W.： 10KGS/carton,
	② N.W.：9KGS/carton,
	③ MEAS.： 0.12M^3/carton
12.	Insurance Policy No.： 886452
13.	① GSP CERTIFICATE OF ORIGIN REFERENCE NO.：8843651.
	② Place of GSP CERTIFICATE OF ORIGIN： JIAXING
	③ Date of Issuance of GSP CERTIFICATE OF ORIGIN： Feb. 5th , 2017
	④ Date of Declaration of GSP CERTIFICATE OF ORIGIN： Feb. 3rd , 2017
	⑤ Signature of Authorized Signatory of Declaration：李明
14.	The Authorized person for the Signature of the Draft： 吴荣林

（二）操作要求

根据上述资料完成商业发票、装箱单、保险单、海运提单、普惠制原产地证书格式A、汇票的填制。

1．商业发票

JIAXING TOMAY IMPORT&EXPORT CO.,LTD
NO.199 XIUYUAN ROAD，JIAXING CITY,ZHEJIANG,CHINA

COMMERCIAL INVOICE

DATE: (1) ______

INVOICE NUMBER: (2) ______

To Messrs. (3) ______　　**S/C NUMBER:** DS986485

From SHANGHAI　　**To** LISBON

Letter of Credit No. (4) ______　　**Issued by** (5) ______

唛头号码 MARKS & No.	货物品名 DESCRIPTION OF GOODS	数量 QUANTITY	单价 UNIT PRICE	总价 AMOUNT
S.B.L. LISBON PORTUGAL No. 1-300	(6)	(7)	(8)	(9)
TOTAL AMOUNT: (10)				

Special Condition: (11) ______

(SIGNATURE) (12)

2．装箱单

JIAXING TOMAY IMPORT&EXPORT CO.,LTD

NO.199 XIUYUAN ROAD，JIAXING CITY,ZHEJIANG,CHINA

PACKING LIST

DATE：(13)______

To：(15)______

INVOICE NUMBER：(14)______

S/C NUMBER：DS986485

From SHANGHAI To LISBON

Letter of Credit No. (16)______ Issued by (17)______

Marks and Numbers	DESCRIPTION OF GOODS	NOS & KINDS OF PKGS	QTY (pairs)	N. W. (kgs.)	G. W. (kgs.)	MEAS. (M^3)
S.B.L. LISBON PORTUGAL No. 1-300	(18)	(19)	(20)	(21)	(22)	(23)
TOTAL： (24)						

(SIGNATURE) (25)______

3．保险单

PICC 中国人民保险公司嘉兴分公司

The People's Insurance Company of China, Jiaxing Branch

货物运输保险单

CARGO TRANSPORTATION INSURANCE POLICY

发票号(Invoice No.)：（26）

合同号(Contract No.)：DS986485　　　保险单号次　（27）

信用证号(L/C No.)：　　　POLICY No.

被保险人　INSURED: （28）

中国人民保险公司（以下简称“本公司”）根据被保险人______（以下简称被“保险人”）的要求，由被保险人向本公司缴付约定的保险费，按照本保险单承保险别和背面所载条款与下列特款承保下述货物运输保险，特立本保险单。THIS POLITY OF INSURANCE WITNESSES THAT THE PEOPLE'S INSURANCE COMPANY OF CHINA (HEREINAFTER CALLED "THE COMPANY". AT THE REQUEST OF （28）______(HEREINAFTER CALLED THE "INSURED") AND IN CONSIDERATION OF THE AGREED PREMIUM PAYING TO THE COMPANY BY THE INSURED UNDERTAKES TO INSURE THE UNDERMENTIONED GOODS IN TRANSPORTATION SUBJECT TO THE CONDITIONS OF THIS POLICY. AS PER THE CLAUSES PRINTED OVERLEAF AND OTHER SPECIAL. CLAUSES ATTACHED HEREON.

标　记 MARKS & NOS.	包 装 及 数 量 QUANTITY	保 险 货 物 项 目 DESCRIPTION OF GOODS	保 险 金 额 AMOUNT INSURED
S.B.L. LISBON　PORTUGAL No. 1-300	（29）	（30）	（31）

总保险金额

TOTAL AMOUNT INSURED （32）

保费 PREMIUM:AS PER ARRANGED　费率 RATE:AS PER ARRANGED　装载运输工具 PER CONVEYANCE（33）

开行日期 SIG.ON OR ABT As Per B/L　自 From SHANGHAI　经 VIA　/　至 TO　LISBON

承保险别 CONDITIONS: (34)

所保货物，如发生保险单项下可能引起索赔的损失或损坏，应立即通知本公司下述代理人查勘。如有索赔，应向本公司提交保单正本（本保险单共有 2 份正本）及有关文件。如一份正本已用于索赔，其余正本自动失效。IN THE EVENT OF LOSS OR DAMAGE WHICH MAY RESULT IN CLAIM UNDER THIS POLICY, IMMEDIATE NOTICE FOR SURVEY MUST BE GIVEN TO THE COMPANY AGENT AS MENTIONED HEREUNDER, IF ANY. ONE OF THE ORIGINAL POLICY WHICH HAS BEEN ISSUED IN 2 ORIGINAL(S) TOGETHER WITH THE RELEVANT DOCUMENTS SHALL BE SURRENDERED TO THE COMPANY. IF ONE OF THE ORIGINAL POLICY HAS BEEN ACCOMPLISHED, THE OTHERS TO BE VOID.

特殊条款 Special Condition　　　中国人民保险公司嘉兴分公司

赔款偿付地点 Claim Payable At (35)　　　李华

出单日期 Date issue Feb.5TH ,2017　　　地址 Place JIAXING

4．海运提单

Shipper （36）	**COSCO** B/L No. 1711676 中国远洋集装箱运输公司 **CHINA OCEAN SHIPPING COMPANY** **CONTAINER LINES** **TLX:** 33057 COSCO CN **FAX:** 86 (021) 6545 8984
Consignee （37）	
Notify party （38）	

Pre-carriage by （39）	**Place of Receipt** （40）	
Ocean Vessel Voy.No. （41）	**Port of Loading** （42）	**ORIGINAL**
Port of Discharge （43）	**Place of Delivery** （44）	**Port-to-Port or Combined Transport**

Container No.	**Seal No. Marks & Nos**	**No.of Containers Or Package**	**Kind of Packages; Description of goods**	**Gross Weight**	**Measure-ment**
（45）	S.B.L. LISBON PORTUGAL No. 1-300	（46）	**Final Destination for the goods-not the ship** （47） FREIGHT PREPAID	（48）	（49）

TOTAL NUMBER OF CONTAINERS OR PACKAGES (IN WORDS) （50）

FREIGHT& CHARGES	Revenue Tons	Rate	Per	Prepaid	Collect
Ex. Rate	Prepaid at	Payable at		Place and Date of Issue （52）	
	Total Prepaid	No of Original B(s)L （51）		Signed for the Carrier （53）	

LADEN ON BOARD THE VESSEL

DATE (54)________________ By(55)________________

(COSCO STANDARD FORM 02) SUBJECT TO THE TERMS AND CONDITIONS ON BACK HERE OF

5．普惠制原产地证书格式A

1. Goods consigned from (Exporter's business name, address, country) （56）	Reference No.（70） GENERALIZED SYSTEM OF PREFERENCES CERTIFICATE OF ORIGIN (Combined declaration and Certificate) FORM A
2. Goods consigned to (Consignee's name, address, country) （57）	Issued in THE PEOPLE'S REPUBLIC OF CHINA (country) See Notes, overleaf
3. Means of transport and route (as far as known) （58）	**4. For official use** （59）

5.Item number	**6. Marks and number of packages**	**7. Number and kind of packages; description of goods**	**8. Origin criterion (see notes overleaf)**	**9. Gross weight or other quantity**	**10. number and date of invoices**
(60)	S.B.L. LISBON PORTUGAL No. 1-300	（61）	（62）	（63）	（64）

11. Certification It is hereby certified, on the basis of control carried out, that the declaration by the exporter is correct. （65） Place and date, signature and stamp of certifying authority (66)	**12. Declaration by the exporter** The undersigned hereby declares that the above details and statements are correct; that all the goods were Produced in CHINA And that they comply with the origin requirements specified for those goods in the Generalized System of Preferences for goods exported to (67) (Importing country) (68) Place and date, signature of authorized signatory (69)

6．汇票

BILL OF EXCHANGE 2

凭

Drawn under （71）

信用证

L/C No. （72）

日期

Dated （73）______ 支取 *Payable with interest @*______%_____按_____息_____付款

号码 汇票金额 嘉兴

No. （74）______ *Exchange for* （75）______ *JIAIXNG* （76）

见票____________日（本汇票之正本未付）付交 **中 国 银 行** 金额

At （77）______ sight of this **SECOND** *of Exchange* （*First of Exchange being unpaid*） *Pay to the order of* **BANK OF CHINA** *the sum of*

（78）

款已收讫

Value received

此致

To (79) (80)

项目 15 综合训练三

技能训练内容

汇付支付方式下根据外贸合同及其他货物实际出运信息制作商业发票、装箱单、海运提单、保险单、GSP 原产地证书格式 A。

技能训练实训操作题

（一）实训资料

1．售货确认书

嘉兴拓美进出口有限公司

JIAXING TOMAY IMPORT&EXPORT CO.,LTD.

NO.199 XIUYUAN ROAD,JIAXING CITY,ZHEJIANG ,CHINA

POST CODE: 314000 FAX: (0573) 83388788 TEL: (0573) 83388784

售货确认书

S/C No： JX-5480

DATE： JUL. 31TH 2017

TO Messrs：EMC DISTRIBUTION SNC, 28 RUE DES VIEILLES VIGNES

77183 CROISSY BEAUBOURG, FRANCE

谨启者：兹确认售予你方下列货品，成交条款如下：

Dear Sirs,

We hereby confirm having sold to you , the Buyer, the following goods on terms and conditions as specified below:

唛 头 SHIPPING MARK	商品名称、规格及包装 NAME OF COMMODITY AND SPECIFICATIONS,PACKING	数 量 QUANTITY	单 价 UNIT PRICE	总 价 TOTAL AMOUNT
E. M. C.	SPORTING SHOES			
S/C JX-5480	Art. 4240	3 000 PRS	USD10.00	USD30 000.00
Marseilles	Art. 4241	1 500 PRS	USD12.50	USD18 750.00
NO. 1-300	Art. 4242	1 500 PRS	USD14.80	USD22 200.00
	In cartons of 20 pairs each		TOTAL AMOUNT：	USD70 950.00
			CIF C5%	Marseilles

With 3% more or less at seller's option

TIME OF SHIPMENT：Shipment not later than September 15,2017。

LOADING PORT：Shanghai

DESTINATION OF PORT：Marseilles

TERMS OF PAYMENT：The buyer shall pay 30% deposit in advance by T/T not later than August 20th, balance will be paid within 5 days after receipt of the fax of original B/L .

INSURANCE：To be effected by the Seller for 110% of the CIF invoice value covering all risks and war risks only as per China Insurance Clauses.

TERMS OF SHIPMENT：To be governed by "INCOTERMS 2010". For transactions concluded on CFR or CIF terms, all surcharges including port congestion surcharges etc. levied by the shipping company, in addition to freight, should be for the Buyer's account.

CLAIM：Any claim by the Buyer concerning the goods shipped here under shall be filed within 30 days after the arrival of the goods at the port of destination and supported by a survey report by a surveyor approved by the Seller for the Seller's examination. In no event shall the Seller be liable for indirect or consequential damages. Claims in respect of matters within the scope of responsibility of the insurance company, shipping company, transportation organization and/or post office will not be entertained by the Seller.

买方：	卖方：
THE SELLER：	THE BUYER：
Jacques Simon	吴荣林
EMC DISTRIBUTION	JIAXING TOMAY IMPORT&EXPORT .
SNC	CO.,LTD

2．相关背景资料

（1）发票开具日期：2017 年 9 月 1 日，发票编号：LX-88650；发票签发人：吴荣林。

（2）实际装运日期：2017 年 9 月 5 日；装载船舶和航次：东风轮（DONGFENG），V.280；开航日期：2017 年 9 月 7 日。

（3）提单出单日期：2017 年 9 月 5 日；提单编号 2017164588；提单授权签字人：周光辉（Zhou Guanghui）。

（4）单据的提交日期：2017 年 9 月 10 日。

（5）装箱单签发日期：2017 年 9 月 5 日；装箱单签发人：吴荣林。

（6）包装情况：纸箱装，每箱装 20 双；纸箱外型尺码：50 厘米×60 厘米×120 厘米；纸箱体积：0.36 立方米；每纸箱净重：9.8 千克；每纸箱毛重：10.8 千克；装箱单出单日期：同发票开票日期。

（7）装运方式：以两个 40 英尺集装箱装运，每个集装箱装 150 纸箱；集装箱箱号：FR860046，FR860047；集装箱封志：SHC87460，SHC87461；集装箱所装具体货物：FR860046 号集装箱装货号为 Art. 4240 商品，FR860047 号集装箱装货号为 Art. 4241 商品。

（8）海运提单的收货人经进出口双方协商为凭卖方指示。

（9）保险单出单日期：2017 年 9 月 3 日；保险单编号：25886；保险赔付地点：同目的港；保险单授权签字人：王翔（Wang Xiang）。

（10）“GSP 原产地证书格式 A”编号：JX-2017968；出口人申请出证日期：2017 年 8 月 31 日；出口人申请出证地点：嘉兴(JIAXING)；出证日期：2017 年 9 月 2 日；出证地点：嘉兴(JIAXING)；出证机构：中国进出口商品检验局（Jiaxing Imp. & Exp. Commodity Inspection Bureau of the People’s Republic of China）；产品原产性质：完全原产于中国。

（二）操作要求

请根据上述销售确认书和相关制单背景资料，缮制下列单据：商业发票、装箱单、海运提单、保险单、GSP 原产地证书格式 A 各一份。

1．商业发票

嘉兴拓美进出口有限公司

JIAXING TOMAY IMPORT&EXPORT CO.,LTD.

NO.199 XIUYUAN ROAD,JIAXING CITY,ZHEJIANG ,CHINA

POST CODE: 314000　**FAX**: (0573)2088680　**TEL**: (0573)2088681

COMMERCIAL INVOICE

INVOICE NUMBER：(1)__________

DATE：(2)__________

S/C NUMBER：(3)__________

To Messrs. (4)__________

____

FROM (5)__________　TO (6)__________

唛头号码 MARKS & No.	货物品名 DESCRIPTION OF GOODS	数量 QUANTITY	单价 UNIT PRICE	总价 AMOUNT
(7)	(8)	(9)	(10) Total Amount (12)	(11) __________
TOTAL AMOUNT: (13)				

WE HEREBY CERTIFY THAT THE ABOVE MENTIONED GOODS ARE OF CHINESE ORIGIN

JIAXING TOMAY IMPORT&EXPORT CO.,LTD.

(SIGNATURE)

(14) __________

2．装箱单

嘉兴拓美进出口有限公司

JIAXING TOMAY IMPORT&EXPORT CO.,LTD.

NO.199 XIUYUAN ROAD,JIAXING CITY,ZHEJIANG ,CHINA

POST CODE: 314000　**FAX**: (0573)2088680　**TEL**: (0573)2088681

PACKING　LIST

To：(15)

S/C NUMBER：(16)________________

Shipping mark：(17)

C\NOS.	DESCRIPTION OF GOODS	QTY (PAIRS)	G. W. (kgs)	N. W. (kgs)	MEAS. (M^3)
(18)	(19)	(20)	(21)	(22)	(23)
TOTAL:		(24)	(25)	(26)	(27)

JIAXING TOMAY IMPORT&EXPORT CO.,LTD.

(SIGNATURE)

(28) ____________________

3．海运提单

Shipper （29）		**COSCO** B/L No.（46）____________ 中国远洋集装箱运输公司 **CHINA OCEAN SHIPPING COMPONY** **CONTAINER LINES** **TLX:** 33057 COSCO CN **FAX:** 86 (021) 6545 8984 **ORIGINAL** **Port-to-Port or Combined Transport**
Consignee （30）		
Notify party （31）		
Pre-carriage by (32)	**Place of Receipt** (33)	
Ocean Vessel Voy. No. (34)	**Port of Loading** (35)	
Port of Discharge (36)	**Place of Delivery** (37)	

Container No. (38)	**Seal No.** **Marks & Nos.** (39)	**No. of Containers Or Package** (40)	**Kind of Packages; Description of goods** **Final Destination for the goods-not the ship** (41) (42) Freight ______	**Gross Weight** (43)	**Measure-ment** (44)

TOTAL NUMBER OF CONTAINERS OR PACKAGES (IN WORDS)　(45)

FREIGHT& CHARGES	Revenue Tons	Rate	Per	Prepaid	Collect

Ex. Rate	Prepaid at	Payable at	Place and Date of Issue (47)
	Total Prepaid	No of Original B(s)L (46)	Signed for the Carrier (48)

(COSCO STANDARD FORM 02) SUBJECT TO THE TERMS AND CONDITIONS ON BACK HERE OF

4．保险单

PICC 中国人民保险公司上海分公司

The People's Insurance Company of China, Shanghai Branch

ADD: 23 Zhongshan Dong Yi Lu, Shanghai, China. Cable: 42001 Shanghai. Telex: 33123 PICCS CN

货物运输保险单

CARGO TRANSPORTATION INSURANCE POLICY

发票号 Invoice No.：(49)

合同号 Contract No.：(50)

保险单号次

POLICY No.(51)___________

被保险人 INSURED： (52)____

中国人民保险公司（以下简称“本公司”）根据被保险人____________________（以下简称“被保险人”）的要求，由被保险人向本公司缴付约定的保险费，按照本保险单承保险别和背面所载条款与下列特款承保下述货物运输保险，特立本保险单。THIS POLICY OF INSURANCE WITNESSES THAT THE PEOPLE'S INSURANCE COMPANY OF CHINA (HEREINAFTER CALLED "THE COMPANY". AT THE REQUEST OF （53）________________________________(HEREINAFTER CALLED THE "INSURED") AND IN CONSIDERATION OF THE AGREED PREMIUM PAYING TO THE COMPANY BY THE INSURED UNDERTAKES TO INSURE THE UNDERMENTIONED GOODS IN TRANSPORTATION SUBJECT TO THE CONDITIONS OF THIS POLICY AS PER THE CLAUSES PRINTED OVERLEAF AND OTHER SPECIAL CLAUSES ATTACHED HEREON.

标 记 MARKS & NOS.	包 装 及 数 量 QUANTITY	保 险 货 物 项 目 DESCRIPTION OF GOODS	保 险 金 额 AMOUNT INSURED
(54)	(55)	(56)	(57)

总保险金额 TOTAL AMOUNT INSURED(58)________________________________

保费 PREMIUM:***AS ARRANGED*** 费率 RATE: ***AS ARRANGED*** 装载运输工具 PER CONVEYANCE(59)___________

开行日期 SIG.ON OR ABT (60)_______自 From(61)_________ 经 VIA(62)_______ 至 To(63)________

承保险别 CONDITIONS:(64)________________________________

所保货物，如发生保险单项下可能引起索赔的损失或损坏，应立即通知本公司下述代理人查勘。如有索赔，应向本公司提交保单正本（本保险单共有 2 份正本）及有关文件。如一份正本已用于索赔，其余正本自动失效。IN THE EVENT OF LOSS OR DAMAGE WHICH MAY RESULT IN CLAIM UNDER THIS POLICY, IMMEDIATE NOTICE FOR SURVEY MUST BE GIVEN TO THE COMPANY AGENT AS MENTIONED HEREUNDER, IF ANY. ONE OF THE ORIGINAL POLICY WHICH HAS BEEN ISSUED IN 2 ORIGINAL(S) TOGETHER WITH THE RELEVANT DOCUMENTS SHALL BE SURRENDERED TO THE COMPANY. IF ONE OF THE ORIGINAL POLICY HAS BEEN ACCOMPLISHED, THE OTHERS TO BE VOID.

赔款偿付地点

Claim Payable At(65)_________

出单日期

Date of issue(66)______________

中国人民保险公司上海分公司

The People's Insurance Company

of China, Shanghai Branch

(AUTHORIZED SIGNATURE)

(67)____________________

5．GSP 原产地证书格式 A

<table>
<tr><td colspan="3">1. Goods consigned from (Exporter's business name, address, country) (68)</td><td colspan="3" rowspan="2">Reference No.(71)
GENERALIZED SYSTEM OF PREFERENCES
CERTIFICATE OF ORIGIN
(Combined declaration and Certificate)
FORM A

Issued in (72)________________
(country)
See Notes, overleaf</td></tr>
<tr><td colspan="3">2. Goods consigned to (Consignee's name, address, country) (69)</td></tr>
<tr><td colspan="3">3. Means of transport and route (as far as known) (70)</td><td colspan="3">4. For official use (73)</td></tr>
<tr><td>5. Item number
(74)</td><td>6.Marks and number of packages
(75)</td><td>7. Number and kind of packages; description of goods
(76)</td><td>8. Origin criterion (see notes overleaf)
(77)</td><td>9. Gross weight or other quantity
(78)</td><td>10. number and date of invoices
(79)</td></tr>
<tr><td colspan="3">11. Certification
It is hereby certified, on the basis of control carried out, that the declaration by the exporter is correct.

(80)________________________________
____
____

(81) ____________________________
Place and date, signature and stamp of certifying authority</td><td colspan="3">12. Declaration by the exporter
The undersigned hereby declares that the above details and statements are correct; that all the goods were
Produced in (82)______________________
And that they comply with the origin requirements specified for those goods in the Generalized System of Preferences for goods exported to
(83)______________________________
(Importing country)
(84) ________________________________
Place and date, signature of authorized signatory</td></tr>
</table>

参 考 文 献

[1] 章安平. 外贸单证操作. 北京：高等教育出版社，2014.
[2] 姚大伟. 外贸单证实务. 北京：中国商务出版社，2017.
[3] 何秀春，王正华. 外贸单证习题与项目实训. 北京：中国经济出版社，2013.
[4] 圣才学习网. 国际商务单证基础理论与知识过关必做习题集. 北京：中国石化出版社，2010.
[5] 中国商业管理企业管理协会. http://www.accem.org.cn.
[6] 中国商业管理企业管理协会教育工作委员会. http://www.chinarzedu.org.

读者调查及征稿

1．您觉得这本书怎么样？有什么不足？还能有什么改进？

2．您在什么行业？从事什么工作？需要哪些方面的图书？

3．您有无写作意向？愿意编写哪方面的图书？

4．其他：

说明：

针对以上调查项目，可通过电子邮件直接联系 zgz@phei.com.cn　　联系人：朱编辑

欢迎您的反馈和投稿！

电子工业出版社

反侵权盗版声明

举报电话：（010）88254396；（010）88258888

传　　真：（010）88254397

E-mail:　　dbqq@phei.com.cn

通信地址：北京市海淀区万寿路 173 信箱

　　　　　电子工业出版社总编办公室

邮　　编：100036